이곳에서 이곳으로

강필중 시집

이곳에서 이곳으로

강필중 시집

도서출판 디자인21

자서(自序)

붙박이처럼 있었으면서 한 번도 못 본 이곳에서는
삶도 죽음도 시도 뒤의 일이다.

이곳이 아닌 이곳에서는 어떤 것도 제가 아니므로.

차례

책 소개를 대신하여

관계의 기본은 둘이다. 너와 나. 슬픔의 기본. 하나가 먼저 떠나는. 떠난 너를 끌어안는 일인이역의 이역(二役)이 되는 역할인들 슬픔을 면할까. 사랑하라 슬픔을! 그 말 하나 남는가. 나날의 동반은 상실의 슬픔을 향해 있다. 의식의 현재. 의식에서 슬픔이 앞서는 것. 먼저 의식되는 슬픔의 시발이 있다. 이미 도래한 듯 생생한 슬픔이 여는, 함께하는 지금을 돌아보는 '길'이 생기는데, 이 '부정의 길'이 이곳에서 이곳으로 오는 길이다. 이곳에서 이곳으로! 사랑은 돌아봄이고 돌아봄이 돌봄이다.

시인 데이빗 허버트 로런스는 부정의 길을 통과했음이 분명한, 쏘울 깊이 체화한 사랑의 읊조림을 선사한 바 있다. 너와 나, 생의 본질만 남아 그 전모가 드러난 황홀감, 졸졸 흐르는 작은 강물소리 귀 기울이며 놀라는 기색의 창백한 하늘, 그 수척한 황혼 속 너와 나의 존재, 그 관계 하나를. '너에 대한 나의 사랑'이 여기 있음은 필시, 존재에 충만한 깊은 슬픔이 사랑으로 전화(轉化)한 것. "너는 부름, 나는 응답"이라는, 관계 속 존재의 완성, 그 사랑의 자리로 돌아가는 본지환처는 죽음의 의식이 빠져서는 수행할 수 없는 것이다.

죽음의 의식을 당장의 의식으로 가져오는 것은 우울을 자초하는 행위일 수 있다. 그러나 우울의 숲, 늪을 통과한 시의 상태는 얼마나 건전한가. 얼마나 힘이 되는 슬픔인가. 이미 통과한, 통과를 완료한 시의 경지에 이르지 못했더라도, 통과하고 있는 것만으로 지금 이곳에 머물 존재의 품격을 획득하는 것이다. 시를 바라보고 있는 것. 시는, 시를 바라봄이다.

1부

고래

삼키는 슬픔 뱃속에 들어

은유가 어떤 슬픔 낳는지

슬픔에 앞서는 은유 하나

먼저 시가 다음에 슬픔이

다음에 내가 있기를 바라

이곳 대체 어디란 말인가

첫 행: 삼키는 슬픔**의** 뱃속에 들어.

슬픈 아름다움

암컷이 멸종한 숫새는

숫새인가 암새 향하는

허공을 꿰는 아름다움

부재와 침묵과 허공을

가늘게 찔러가는 블루

정적이 몽땅 불려나와

정적: 靜寂.

피할 길 없길

슬픔의 지뢰가 있다

왜 이리 슬픈가

뭘 몰라 그런가

이 집은 지뢰밭

촘촘해 피할 길 없는데

피할 길 없길 바라본다

찬찬히 살펴보다 얼마

못 가는 집안의 여정(旅程)

무슨 순서야 정했을까

알뜰한 방황 점점(點點) 터져라

달

초가 뒤로 뚝 떨어지던 것

건물 위에서 버티랴

사라짐을 주시해 본다

둥근달이지

안 보임이 이어진다면

그게 없음이겠다 싶다

공원을 한번 더 돌지 않고

돌아오면서

생각하느니

돌고 돌아도 안 보이는 달

본(本)

나이들수록 알 수 없어 더 끌리는
한 문자 본(本)

보조국사 지눌의 '수심결'이라던가
색성본공(色性本空) 비색멸공(非色滅空)

색이 사라져 공인 것이 아니라는
그 말 앞의 본(本),

나는 거기서 파생한 반쪽인가
거기는 어디인가

바로 여기 이곳이라는데 나는
무엇을 놓쳤는가

온몸 꿰뚫는 소리 깊은 정적은
바쇼가 짚었더라

디 프로펀디스

눈물이 안으로 흐르는
정화(淨化)가 있을까
안으로 고여 가득하면
이 또한 충만인가
슬픔의 나락에서 높이
올리는 노랫소리
송곳처럼 솟아나오는
물줄기 하나

삶이 묽어서 생긴 여유가

삶이 여유면 쓰겠는가
삶에 여유가 생기면서
여유가 삶이 되는
곤궁을 잊는 곤궁
삶과 여유만 남겨
생존이 의식에서 죽고
사랑은 장식으로 남아
삶이 묽어서 생긴 여유가
삶의 여유로 통하고 있다
생존이 삶의 윤리라는 것
그것이 나날이 잠을 깨고
윗니 아랫니 맞물려
금식을 깨는 아침에
나의 살아있음
당긴 시위로다

쌀뤼 다무르

꽃 파는 할머니도 꽃,
소년은 산 꽃을
거울처럼 내밀고
예쁘세요 인사를 한다
사랑의 인사를!
꽃 피었네
꽃 피웠네

손도 길이 있으니
작은 손길 대범해
가난에 닿는 예(禮)를 이룬다
무시로 건너뛰는 손의 길
바라보는 외면,
가난이 그게 삶인 시간과

공간으로 해방되고 있다

원형 그대로
강릉 어느 집

입구에서 보는
친숙할 법한 어둠과
사철 변치 않는 그늘,
들어서 꺾어든 뒤
작게나마 트인 곳
햇살을 담아두는 곳,
한 집의 반 테두리
백년을 감싸고 있다
이 집을 알아본 눈
여생을 꼭 잡아준다

빈자리

맞은편 네 빈자리
내가 옮겨 앉고는
나의 빈자리 본다
거기도 네가 앉았었는데
그래서 자리는 정해두고
앉아 마주보는 것이라지
내 빈자리 오락가락하는 사이
네 빈자리만 떡하니 남았구나
네 부재 훔치려 했으나
내 부재 앉히려 했으나

삶

이런 내가 사는 것 아니다
이런 나를 사는 것
이런 나를 사는 나,
있다는 것만 분명해서
진부할 길 없지만
알아볼 길도 없다
죽은 삶은 그것이
분명하지 않은 것,
뭔지 다 안다면서
좀비가 되고 있다
이런 나를 살면서는
거처가 누추하고
복장이 남루하고
냄새가 나더라도
맹목은 없으리라
기계는 아니리라
맹목과 기계뿐인
순수는 없으리라
삶의 비순수를 위하여!

인(人)이 생(生)이다

너의 부재가
있는 세계
없는 세계를
찾는 사람,
인이 생이다
그 사람인
나라는 사람
지켜볼 뿐,
그리워 젖는
지난 시절
물천(物遷)의 심사
견자(見者)의 짝

입구

깊이 들어간 순간
입구를 치웠단 건
이야기를 생략한
이곳의 이야기다
입구 없는 이곳에서
입구가 어디 있을까
방황이라는 게 있지
지금 내가 앉았거나
서있거나 걷고 있는
이곳으로 떠난 사람,
방황은 하지 말라고
깊이만 가늠케 하고
심연에 들게도 한다
논리에 들어맞는
비물질이 있을까
도저히 닿지 않는
혼백 아래 그것은
형상 하나 없으니
이젠 출구가 없나
출구가 없는 것이다
유일한 거처에서

알고 하는 사랑에도

모르고 하는 게 있어
그게 뭔지 모르는 것
그것 하나 알고 있지
온전히 예약하지 못하는
사랑은 그래서 안전하고
사랑이었다 뒤늦게 아는
비탄이 사랑을 보증하지
사랑의 예감 사랑만큼은
감춰진 대로 무탈하리라
사랑이라고 드러내는 것
뿌리부터 드러낸 사랑이
삭제한 공간의 어둠
알고 한다는 사랑아
사랑만 위태로울 뿐
나머진 안전할 건가
알고 하는 사랑에도
모르고 하는 장치가
안전장치가 꼭 있어
은폐로만 드러난 것
은폐의 비은폐 아는
자기마음 보는 관심(觀心)

옷고름

옷고름은 씹으라고 있다네
눈물을 찍어내라고도
떠난 님이 연신 떠나고 있대도
떠나는 그때 한번 씹었겠지
그 한번 씹은 것 곱씹는 것 있다
바라보면서 그 맘 내가 안다는
정(情)추행의 눈들은 꼭
저 시선을 제 시선 끝에 두네
옷고름 씹는 걸 씹으면서
저 시선의 끝은 지웠어라
그 끝에서 날아오는
진언(眞言)이 있어,
누굴 저리 바라보는가
누굴 이리 바라보는가

스타벅스

불량의 포텐 장착
십오륙 세 남아 셋
들어왔나 싶더니
나가서는
끊다시피
인도의 맥 밟고는
담배 피우고 있다
눈치 보면 죽는 거다
센 눈치 보다가
다시 들어오는가
날려 오는 것이다
바람이고 싶겠지만
날려가기 전
이곳에서 이곳으로
올 틈도 없이
저곳으로 날려간다
이곳에서 이곳으로는
낙엽이 온다
날려 오기 전부터

포텐: 포텐셜, 잠재력.

지극

사람이라는 것의 정을 사상(捨象)한
지극한 정이 낮에는 햇빛
밤에는 달빛으로 맞추어
밤낮 바람으로도 빛나고
더러 측은지심으로 가지만
자기연민 가져오지 않는다
무심하다는 것 마음의 지극,
자신의 곤궁 잊는 듯 보여
줄어들면서 남아있는 부분
전부로 세계로 끌어안는다
위축되는 세계가 증폭되는
지극한 무심의 마음이
세인의 요란한 인정을
낙엽의 통리(通理)로 돌리는
도저한 풍월의 정신일 것,
무슨 정성을 쏟아서가 아니라
눈길을 회수해서 그런 것이다

혼자 가는 길

파키스탄 오지 혼자
차 몰아 가는 길
혼자는 가는 길이다
차 하나 겨우 가는 절벽
구불구불한 길
울퉁불퉁 돌 딛고 가는
꿈이 있었던 것 이제
꿈이 몸을 얻어
혼자는 길로 빛나고
유형지의 오명은
빛으로 합류한다
꿈과 몸의 도상(途上),
경건함 챙긴
아우라의 운전자

알레테이아

사는 방법이 지극하면
목적과의 거리가 없다
정비공의 지극한 정비
보증이 작동하는 본질
방법이 방법을 깨는가
환상적인 울림이 있자
목적은 증발하고 없다
바람을 헤집으려 하나
허공을 파고들려 하나
따로 찾으면 이곳에서
이곳으로 오지 못한다
제 집에 입주하겠는가
시의 거처가 드러나는
진리의 운동을 위하여

운탄고도

별것 없는 듯 바람이 모여
사람으로 걷는구나
바람의 회집(會集)!
늦가을 초겨울 정취
바람이 바람을 타고
탄불구이 앞 막장광부는
빠져나온 바람이었으리라
바람은 본시 화려하지 않으나
회춘의 바람 울긋불긋
색을 타도 좋으리
네 분의 바람,
돌이킬 것도 없이 청춘이어라

비 오는 아침

차창
젖은 낙엽 떼고 있다
창에서 떨어지는 수고가 있어
나무에서 떨어질 때와 다르다
홀연하였으나
짐짓
속세와의 끈적한 관계
실연(實演)을 하고
민망한 역할 소화할 것도 없다
바람 부는 대로는
어디 멀리 가는 것이 아니다
정처(定處)를 보고 있다
어디 가기도 전에
들러붙은 이성(理性)을 보고 있다

물금

양산에 물금 있더라
금하지 말라는 물금(勿禁)
입산도 금지하지 말 것!
가을산행에
붉은 물 드는 것도 물금
좋은 시절 그리운 것도
낙엽 한 수 띄우는 것도
단풍의 자각 아찔한 것도

왜 가을만 깊어진다 하는가

이미 깊어야 깊어지는 것이다
사람이 이미 깊은 걸
가을이 알려줄 때 먼
죽음도 고개를 끄덕이는 것
겨울의 고요 속 생명이 숨기 전
보이는 것으로서는 온통
낙엽이면 고맙기만 할
장관이 내면에 펼쳐지는 것
그 마음으로 사랑하고 있는가
이미 깊은 우리 그대와 나
깊어지고야 마는 것이다
봄은 겨울이 기다리는 것,
깊으면서 깊어가면서는
멀리 흐르면 되는 것이다

사랑의 영원

영원이여 안녕하신지
그 안부만 물은 적 없다
30분마다 위치를 확인하는
어떤 사랑 앞에서는 영원이
어떤 자세로 있어야 하는지
나날이 사랑에 시달리는
영원 그이는 묵언을 잃고
제 이름 복창하는 중인지
불러대는 열성과
불러내는 나태와
불려나온 피로로,
깊이로만 사랑에
관여하고 있다는
한마디만 남기네
멀리멀리 흐르리
깊어가는 가을은

동행

팔랑이는 낙엽이
스치고만 있어도
가을은 깊어가고

팔랑이는 마음은
노닐고만 있어도
바다가 찾아오고

일엽편주 여행자
부대끼는 인생아
낙엽의 제자리란

저류도 함께하는
기이한 든든함이
벗으로 있음이라

벗이여 내려앉자
깊어가는 가을이
깊어가는 뜻으로

이곳에서 여기서

바다가 찾아오는
가을의 곳곳에서

부박하지 않으나
부박한들 어떠리
팔랑이는 낙엽이

실은

산 자의 마음
그대 둘 함께하시라
갈 자의 마음
그대에게 가 함께하리라
실은 알 수 없는 어딘가에서
알 수 없는 존재가 되어
그렇게만 있으리라는
따라가기 힘든
어떤 본연(本然),
지금 마주해야 하는 것
나는 다르겠는가 그렇게
따라가는 것이다
너는 너 없이 떠났고
나도 나 없이 따르니

폭서

해가 떨어졌든 졌든
매일 해를 등지고 산다
외면해야 그나마 견디는 것이
단순한 사실의 열기라면
논란의 여지도 없이
풀이라도 좀 죽어라
어둑한 전경을 알리는
불빛이 여기저기 솟고
달은 탐하지 않는다
낮은 빛들이 좌초를 막는
화가의 전경 있을까
매미소리 날을 바꿔
해를 붙잡고 있는데
돌아설 곳 없는 몸
뜨거운 정적 흘러라

대우(大雨)

내 시에 바다가 없다니까 하는 말인데

남도에 가면
바다가 다녀가는 순천(順天)이 있대
그렇게 순할 수가 없대
하늘에 대해서는

내 시에 하늘이 없다는 말도 하지 말아줘

김밥은 달래면서 썰어준다

그런 말을 들었다
만남의 본질 같은
길은 그렇게 난다
외길이 그리 좋다
선택의 고민 말고
그것만 있다는 것
칼질은 달래는 것
좋게 좋게 자르는
선한 칼은 사과도
깎는 재미로 산다
알맞게 맺힌 것은
맺힌 그대로 달래
나도 그렇게 너와
소풍도 가는 게다

성숙의 시대

코 없는 큰 코끼리 둘
그 둘로 찬 허공 향해
두 팔로 쑥 솟는 코가
무릎 꿇은 사선의
몸을 얻고 있다
아름답다 다른 몸이
크게 일어선 대상은
초라하게 보조할 뿐
지향이 스스롤 지향,
온몸이 나오는 성숙
도피와 수치는
순간 뭔지도 모를
전라(全裸)로 지양되고
청동은 명을 받든다

성숙의 시대: 까미유 끌로델의 작품.

까미유 끌로델

오귀스트라 불렀겠지 로댕을
따라갔지만 따라하지 않았지
따라갔으니 모작일 것이라는
오류야 로댕이 간파했으리라
하나의 문이었으리라 로댕은
천국으로 가는 지옥의 문
지옥으로 가는 천국의 문
창조의 고뇌라는 게 고뇌인가
고뇌의 체험만을 고뇌라 한다
창조된 지옥의 문 형상들에는
창조를 앗긴 고뇌 하나가
보이지 않게 맴돌고 있다

지옥의 문: 작품명.

다케우치 유코(竹內結子)

리처드 코리가 떠올랐다
선망의 빛이라도 갚는가
어떤 암시도 없었으므로
웃음을 보였나 미소마저
어떤 명시였다 말하리라

스스로 죽는다는 결합이
사이의 선을 지워버리고
마지막 관계로 등장하는
노골적인 뼈대 그것만큼
투시되는 실존이 있을까

일용할 충격이여 아들은
어머니의 연기 하나하나
달의 이면에서 바라보리
어머니의 자리에 앉아서
낱낱이 빛나는 어둠들을

다케우치 유코: 40세의 나이에 자살로 생을 마감한, 영화 '지금, 만나러 갑니다'의 여배우.

리처드 코리: 에드윈 알링턴 로빈슨의 시, 시의 인물.

결합: 자(自)와 살(殺)의 경계(자/살) 지운 합자(合字).

추위로
추수(追隨)를 밴 현실주의

추위로 견딘다는 노랫말
추위로 무엇을 견디는지
의문이 없어서 살아있다

추위의 뿌리가 깊으므로
깊은 뿌리가 하나이듯이
하나로 살아서는 그걸로

혼연히 견딘다는 뜨거움
추위를 견딘다는 생각이
스러지게끔 하는 것이다

견딘다는 하나인 생각뿐
시절은 지나가야 하지만
시절로 견딘다는 사상이

고난으로 고난을 거두어
고난도 스스로를 견디는
불이의 시절론을 낳는다

비

비는 그저 따라가기 좋다
가는 비는 따라가지 못해
오는 비를 따라가고 있다
나에게도 오고 있는 게다
나에게도 비가 오고 있다
영원은 젖는 것이라고
불변과는 결별을 했다
말라서 굳은 것과는 그만
관계를 정리한 뒤로 나는
관습이 아닌 관습의 행위
오는 비를 따라가고 있다
오지 않아도 그러고 있다

오월, 비

오월이 비를 잘라내고는

곁에 세워 두었습니다

관습과 관습이 만나 두 겹

장막이 됐기 때문인지,

의문사한 아들의 죽음이 삶이었던

늙은 아버지의 치매는 뾰족합니다

한번 찔리고 잊는 내일의 아침

태양이 대신 하는 대각성 운동

온 세상이 폭발한 것입니다

관습의 잔해가 전무합니다

방과 들판

들판에 앉아 세상과
절연을 했다면 방만
바꾸어 앉은 것이다
고립된 몸에 바람이
닿으면 좋기는 하지
들판의 방에 앉아서
들판에 나왔다 하지
방만 바뀐 걸 알기만 해도
만만히 볼 수 없을 것인데
풍진 세상이 손가락 들어
바깥을 가리키지 않으면
들판에 이를 길은 없다
길을 잃는 게 전망이 있다
너는 길을 확보했는가
너의 들판 트여있는가
바람 불어오는가
부정(否定)의 바람

방만 바꾸어: 김수영의 시에서.

일화(逸話)

잘 알려지지 않은 이야기,
노숙자의 성적(性的) 피살처럼
잘 알려지지 않는 이야기,
드넓은 골목길 한세상
좁디좁은 서울역 광장
알려지고 나서도 아직
알려지지 않은 이야기,
이야기는 일화가 핵이라는
유명하지 않은 일화가 있다
오십대 중반의 여자 김목화가
배와 성기를 차이는 등
세 시간의 폭행을 당했다가
십일 후 병원에서 죽었다는
한겨레의 기사를, 기사의
일화성을 보았다 그
누그러뜨릴 수 없는

기사의 일화성: 참혹한 보편은 보편이 참혹한 것, 자세한 기사도 부동의 인심처럼 참혹할 수 있다. 이성도 기웃거리기 시작하는 일화의 성문(性門)을 통해 의식은 구체에 든다. 죽음을 의인화할 것 없이, 죽는 사람에서 나오는 죽음을 죽는 사람으로 귀속시킬 때 모든 죽음은 특수한 것이 된다. 애도에 보편이 없고 보편에 물드는 한, 나의 애도조차 없는 것. '나'는 애도의 특수성이다. 데리다가 했다는 말의 취지대로.

무지에 관하여

흰 종이도 빈 공간도 아닌
녹여야 하는 얼음덩어리
들어내야 하는 납덩이
겹겹 상투(常套) 거대 벽
네 중력 앞의 블랙홀
몸보다 큰 몸으로 붙은
가여운 천사 숙주의 짐
가벼운 마음의 무책임
예리한 말재간의 흉기
묵직한 무심의 둔기
거울이 사라진 맹목
정신의 끈질긴 방기
개안할 불시의 소멸
상시가 불멸인 옥사(獄舍)
오지게 모를 것이다

가여운 천사: 파울 클레의 그림.

꽃밭에서

정훈희를 부르고 있다

이런 노래를 꿈꾸었네

처음 들으며 맞다하네

정훈희가 부르고 있다

이별은 언제 있었는지

곱디곱게 빛으로 올라

달라지면 사라짐 없는

영원에 목놓아 보는가

야외에서

바람이 분다

안팎이 없는 유리상자 안에서다

바람이 분다 하는가

숨 쉬는 질식이 근사(近似)하다

야외에 담기지 않는

바람의 미래형 있다

바람은 미래에서 오는 중이다

질식이 숨 쉬고 있으므로

봄나들이 죽음을 서두르지 말라고

돌

인간의 이야기
산책길에 바위가
인간을 지켜봤을 역사로 있었다
무정물(無情物)은
인간이 붙인,
존재를 보류한 이름
보류의 역사로 있었다
끔찍한 초연(超然)도 아닌 무엇
자증명(自證明)도 존재를
보류한 이름일까,
돌에 드는 게 낫지
이름을 붙일 수 없다는 것이
야무지게 행복하기도 한 것이다

꿈

분홍빛 가는 노을과
초승달의 짝 샛별과
별을 더듬는 어둠속

나무는 잎들을 달고
있음의 휴식을 하고
있기만 하지는 않을
내일의 있음 꿈꾼다

꽃은 이미 피었어도
피어있는 꿈을 거쳐
피어있는 아침 맞는
밤의 절차를 누려라

그대와 나의 먼동이
꿈의 실현을 비추는
빛으로 솟는 것이니

변신

헐벗음을 얻은 눈에
헐벗은 자태가 있다
누추함을 얻지 못한
누추한 자태가 없는
눈은 아미를 탐하고
감기는 감염된 눈이
누추를 다 걸러낸다
시를 보고자 하는가
의지를 포기한 의지
변신의 완료가 있어
추인이 있을 것인가
자신의 준동에 대한

낙화

꽃잎 떨어진 정(情)과
떨어지는 이(理),
어찌하라고 같이 있는지
앞의 놈이 묻고
묵묵한 다른 놈
늘 부답의 답을 합니다

꽃잎은 주저함 없이
묵묵히 떨어지는 이(理)의 편에 서도
실은 제 낙화의 정(情)
추스를 틈도 없는지 모릅니다
그걸 우리가 하는 거죠
그렇게 살고 있는 거죠

목전(目前)

시간을 되감은 듯
바람 탄 큰 벚나무 하나
공중에 꽃잎을 날리고 있다

그대가 꽃잎을 날리고 난 뒤,
아직 날리고 있는 목전이라
그 이름으로 그대를 부르리라

목전! 눈이 성이요 앞이 이름
이름만 따로 부르면 아파
눈은 그저 내 눈일 뿐

이름 하나 지어주고는
소리 없이 웃고 있는가
활짝 핀 꽃잎들 앞에서

시 읽기

별 얘기도 아닌 것처럼
별 얘기도 아니라는 듯
찬찬히 또박또박
말을 뽑기 시작해서는
절차도 없이 월담을 하고
도강도 하는데
담 넘어 강 건너서는
나더러 또박또박
뽑아보라 하는가
또박또박 허우적대랴
차안(此岸)에 이르지 못해
시인 이름만 주시하면서

거시기

말하는 사람이 추월해버렸는데
말 떨어지자마자 동승하고 있다
추월과 동승, 교감의 쌍생, 척척
국자라고 하면 국자가 국자에
미치지 못하고 주방이라 하면
주방이 주방에 미치지 못한다
교(交)로써만 감(感)이 되는 것
외로울 일이 없다 외로움 없다
물건의 이름, 물건보다 외로워
언어는 외로워 언어 전의 언어
소통의 소(疏)가 없는 통(通)
즉(卽)이 붙는 즉통의 원형질

구산동

내일은 구산동에
벚꽃 보러 가잔다
봉황동 얘기였는데
구산동 잠깐 더듬다
봉황동 이제 구산동
내일 구산동에 간다
거기 가자는 사람이
가미한 것을 찾아서
됐다 이참에 벚꽃을
훌러덩 벗어버린 그
빛나는 어둠으로 발
하나 넣고 있으려고

쌓이는 봄

하얀 눈이 쌓이듯 봄이 쌓이고
화사해지는 사랑의
사랑이라는 단순성
형형색색의 일색이
마음에 짙어지는가
하나의 색에 유폐되어
꽃피는 님만 바라보며
하얗게 쌓이고 있는가

시베리아의 종달새

사실을 얘기해주는 것이
창조가 되고
이미 있는 것이
창조된다
아이 가슴에 새소리의
시원이 열려
시베리아 동토에서
아이의 경전이 된 노인의 얘기
얼어붙은 땅에서
시는 깊이 잠복하고
말로 심장이 뛰고 피가 통하는
구원의 법 있어

랭보도 바다 본 적 없었지
언어의 바다 펼쳐나갈 때

랭보: 「술 취한 배」(“Le Bateau Ivre”).

독존(獨尊)

그 안에 모든 것이
모든 것 너머의 것까지
오욕은 물론
그것을 관통하는
기도의 총알까지
다 들어있는
시대의 정명(正名)
어머니
자식과 가족 동포와 조국은
하나같이 그 안에서 실존해
홀로 존귀하다는 것은
세계를 내포한다는 것
세계의 운명까지
들어있는 것이다

딸

무너진 건물 잔해와 하나 됐나
무너진 아빠

멀기나 한가 잡은 손 놓지 못해
이리 오라고

너무 생생해 현실 같지 않은 것
꿈을 꾸는가

사진 한 장을 울면서 찍었다지
찍고 말았지

나이 열다섯 손만 내밀었는가
분단 직전에

가지 끝에는 꽃눈도 맺히는데
이단인 여생

햇빛을 향한 넋 나간 슬픔으로
달릴 것인가

아침

아침에 해가 뜨는 것
줄여 아침이 오는 것
그것이 기적이라는
생각이 기적일지도
역사의 밤 인간의 밤
외면의 밤 맹목의 밤
아침이 어디 있으랴
유토피아라 슬픈 것이
아침의 기쁜 실재로
나날이 창문 두드리는
이 뜻 잊고 사나니
사건이 아닌가 아침의
메시지를 실재로
읽는다는 것은,
아침에 아침으로
호응한다는 것은
(아침의 메시지는 아침이 메시지니)

연가(戀歌)

어둠도 성취였지
낮으로 돌아오는
길목에서 먼동이
햇살로 터지누나
이제는 나가보자
백주에 횡행하는
어둠은 제쳐두고
중천은 사랑이라
저자에서 흥겨운
사람들 지나치며
국밥에 막걸리에
숲길에 오솔길에
석양을 기다리리
무엇이 두려우랴
무엇이 두려우랴
어둠을 맞이하는
의식의 향연이니

삭발

머리카락 바싹 밀어
바람의 수작이 있자
모근의 자각이 인다
자연이 동요할 때에
두피도 동요가 있고
제 뿌리 느끼기로는
삭발만한 게 있을까
머리를 쓰다듬는 손
바람의 손가락 가락
좌정한 제자리 행각
한눈은 이렇게 팔지
이목의 집중이 없는
아예 이목이 사라진
나만 등장한 사소사

출타

1

신발과 포도(鋪道)
물질이 아닌 기초
길을 놓는다

2

이름이 나와
나무를 쪼아댄다
보이지 않고

3

너는 떠나고
봄이 혼자 왔구나
둘만 남는가

4

지금 이 순간
무엇이 여기 있나
나 아닌 듯한

5

케익과 커피
식전에 하는 식사
계획 밖에서

6

칩거하면서
떠올리는 한마디
경칩이라네

7

안에 있느냐
안으로도 나간다
춘경과 춘정

8

도대체 어떤
미래로 빠지는가
계묘국치일

9

고창 문수사
단풍나무길 있다
물드는 탈속

10

화려한 꽃밭
계절의 여왕마저
탈속인 자연

11

어디로 가나
묻고 있는 여기로
가는 것이다

12

잎들의 처신,
단풍 물든 그대로
붉게 마르다

13

너무 슬퍼서
그리 가는 것이네
길인 것처럼

돌담에 속삭이는
고향이라는 말만 있는 곳에 고향이 있다

고향의 봄 고향이 봄
고향 아닌 덴 응하지 않는
정절이 안타까워 봄도
있을 곳이 있었구나
고향이 거기 없었으니
봄도 춘래불사춘
그런데 있기는 한지
돌아가야만 하는 곳
그곳이 못내 부러울 때
시인의 그곳이면 될 게다
고향에 있어 세상도 뜨고
세상을 떠도 고향이 있는
너무 이른 나이도 좋았을
영랑의 시구 영랑의 시구

풀잎

입을 여니 잎이 나와
휘트먼의 풀잎의 길,
제동을 걸었다는 말이다
입에서 총
칼이 나오는 데 대한

잎이 혀가 되니
자연이 든 거구나
기꺼운 제동,
총칼이 혀가 된 꿈
현실로 꾼 데 대한

현실로 꾸니 깰 수가 없다
목구멍보다 더
검은 잎이
죽음도 읊는
혀로 있기 전에는

모색

어쩌다보니 이리 빠지게 됐네
원래 이런 것이라는데
우연을 들먹일 것도 없이
빠지는 길도 길이라면서
머리 긁적이다가 생각을 낸다
마음은 무엇을 찾는지 모르면서
늘 찾는 무엇이 있는 듯 조금씩
가던 길을 안 보는 연습을 하지
이런 모색의 속성이 우연성인데
착실한 예비가 수반되는 것이다
일탈의 이름 달게 받는다
달기 때문에 감수한다고
프로스트의 두 갈래 길은
가지 않을 길 정해두고
제목부터 아쉬워하는데
아직 없는 갈 길, 그 불씨는
불시(不時)를 기다린다

프로스트: 로버트 프로스트 「가지 않은 길」("The Road Not Taken").

완(完)

도중에 죽었다
길은 전장(全長)이 멈춰있어
움직이는 건 도중(途中),
도중은 길의 자기운동이다
도정은 도중의 진행
아름다운 표면일 뿐
도중에 죽는다 해도
도중은 죽지 않는다
길에 올라 무엇을 완수하는가
성지순례 도중에 죽은 노인은
무엇을 완수하지 못했나
마음에 품은 완수
자체로 완수인 것,
자신의 한계에 이르러
담담한 웃음의 축복이
죽음을 고요로 바꾸고
가장 깊은 내면으로의
성스러운 불길이 되는
도중의 완수인 것,
도중에 죽었다 완!

누가 미완이라는 유행어를
남발하는가 속도 모르면서

표토(表土)

표토는 갈아엎으라고 있는 것
뒤집어엎으라고 있는 것이다
그 자리에서 그 자리에
되바꿀 수 없는 체위처럼
아래에 깔려 어디도 가지 않는
존재를 밝히는 것이다
갈아엎으니 밝아지는 것
보이지 않으면서 기쁨인 것
전복이 운명이되
쟁기질이 기꺼워 이런
면목이 그려지는 것이다
'어떤 전복'을 부제로 쓴다

졸지(猝地)

둘도 없이 각별하다가
긴 시간만 그럴까
길지 않은 시간도
졸지에 없게 되는
존재의 이 두꺼움이란
천지분간을 모르는
마음이기만 했을까
분화(分化)를 겪지 않은
혼돈이 소환된 것
혼란스러울 건 없지
졸지의 공백을 채우니
여기 단일한 유일무이
거(居)했던 곳 졸지(猝地)라
혼돈이 알려주는 것

혼돈이 소환된 것: 졸지에서는 연생연멸(緣生緣滅)이 교설(巧說)이 아닌가.

온몸의 시
김수영, 휘트먼, 기형도

죽음의 입에서 사랑을 꺼내는
사유(思惟)의 온몸, 김수영
죽음 앞에서 가슴은 기절하고
머리에는 임박하지 않는 죽음
사랑을 꺼낼진대 죽음아 너는
사랑을 토해내는 혀가 되리라
무덤의 웃자란 풀 검은 잎
입 속의 잎으로 있는 죽음
사랑의 몸을 토해내겠다
걷어붙였던 팔 내린 채

소리를 알다

무슨 말인지
알아들을 수 없는
고백을 하듯

소리를 내고
고백이라는 것만
알게 하느니

이제 서서히
말이 되는 소리가
듣는 마음에

시도 되는가
난해함은 소리가
뒤처지는 것

목과 소리와
떨리는 목소리에
난해는 없어

러셀 뱅크스
조시(弔詩)

러셀 뱅크스 잠을 끊었다
생전에 완수하지 못한 것
눈 깜박이면 백년이 간다
난 존재의 있음만 알았지
어린 열정 치기가 아니고
늙은 열정은 장구한 불꽃
타다 남은 재가 있겠는가
너희 가슴에 불씨가 내려
가슴이 낳는 불의 아이에
노산은 그만 없는 것이라
애도는 그만 없는 것이다
존재의 신격 슬플 것인가
자축만 남고 있을 것이니
작은 축하로나 거드는 것

간명

장벽이 무너지고
파편이 무수하다
잔해는 참상인가
착잡한 수구본능
난잡한 감상까지
그것이 참상이다
현재를 벗어나서
현재가 일어난다
무수한 파편들이
현재의 의미들인
그러한 현재만이
잔해에 머무른다

백두산

대동 백두산 그 낮은 산에 간 적이 있다 마지막 짧은 구간, 벅참을 급조하듯 가팔랐을 뿐 동산의 인상이 기억나는 소박한 풍모 지녔는데 아이들이 있었던 곳 이름이 어울렸다 아이들에게 그 정도 이름은 돼야지 같은 이름 다른 산 백두산에 오르내리던 아이가 백두산에 오르는 날 아이는 제 이름 가지고 제 이름만큼 큰다 백두산에서 백두산으로 가는 만큼 대동에서 대동으로도 간다

그 자리의
빌 노트의 굿바이

그 자리의 의미 있는 쓰임새가 달리 또 있을까 그 자리를 그렇게 선점할 줄은 몰랐다 그 하나뿐인 쓰임새가 시의 마술이다 다른 쓰임새 찾기는 천지개벽보다 더 어렵고 나는 다시 따라할 뿐 허욕을 품지 않는다 너의 마술은 나의 어둠이다 어둠은 눈꺼풀 내린 뒤 짙어지는 것, 이것을 너로 지칭해 단번에 시로 삼은 너, 어둠이 존재로 둔갑했으나 진짜 마술은 마술을 전혀 부리지 않았다는 것 내 감은 눈 안의 어둠인 너, 네 검은 존재

스타벅스

뒤늦게 든 카페 땅층, 그라운드 플로어 통창가에 앉아 걷는 풍경 얻는다 수평의 세상은 뷰가 아닌 발이고 발과 수평인 눈이다 나는 이 안에서 잘 걷고 있다 비로소 잘 앉아있다는 말도 의미를 지니기 시작, 밴티지 포인트는 도시의 불빛 반사하는 비에 젖는 포도에 내려앉았다 빗방울 닿는 곳에 배달 바이크 신호를 받고 돈다 내 발과 수평을 이루고

봄처럼 좀처럼
순천 해룡면 신대지구 둘레길

잘 닦인 모퉁이였다
화살표만 있었다면 클레의
정원 안으로 갔을 것인데
카페이름이 있었다 봄처럼
겨울과는 각별한 사이리라
봄처럼 가리킬 수 없어
지나쳐간 찻집이 여럿,
좀처럼 나타나지 않는
봄처럼 있겠다는 거냐
봄처럼 좀처럼 우린
엑소르사 커피를 가리켰다
화살표는 되고보는 것이다
들어와서도 가리키고 있었다

붉은 인증

단풍을 맞아 기쁘다 하면
기쁘다는 게 맞는 말인가
단풍을 맞아 붉게 드러난
사연이 있어 기쁜 것이다
붉게 물든 가슴속 사연이
붉은 인증의 기쁨을 알아
기쁘다는 말이 나서는 것
부당한 절제 억제가 있어
좋다고만 말해 왔던 건지
그것도 붉은 인증을 받고
기쁨이 물러설 뜻이 없어
한 사연씩 물들이고 있다

올

단풍 말인데 숙제를 한 느낌이다
제가 했나 내가 했나
그건 모르겠고
그게 숙제라는 것
숙제가 있었다는 것은
이미 흡족한 터에
납득하게 돼있는 것이다
숙제가 있었다는 건
지금처럼 보기 좋은 게
있고서야 아는 것이므로
지금의 숙제라 하면 다시
개념부터 없게 되는 것이다

멸종

꽃이 사람으로 피었으니 이제 그 사람이 진다
한 사람이 멸종하는 것은 어려운 일이 아니다

죽음을 손보는 일

눈사람이 녹고 있다 눈사람은 녹고 있다
눈에 붙을 만하지 않은가 사람이

존재는 부재를 먼저 아는 것이다

사랑은

바다나 우주 정도의
간극이 있다

질적으로는
죽음을 더한 정도의

어떻게 하는가

죽음을 예감하는 건 허약하고
존재의 부재보다는
부재의 존재를 사랑에 넣는다,

존재의 존재가 나날의
기막힌 우연이 아닌가,

다시 하는 사랑의 정향(定向)을 위하여

낙엽뿐이다 그럴 수 있는 건
이태원 압사

다시 낙엽이 흩날리고
포개져 수북이 쌓인다

낙엽뿐이다 그럴 수 있는 건
숨을 다 쉬었으므로
숨을 다 쉰 뒤이므로
순서대로 서정을 남기고

흩날리던 마음 잡아두던
몸들은 흩날리지도 않고
숨들은 흩날리지도 않고
몸과몸숨과숨 틈도 없고

쌓인 낙엽들 사이는
숨 쉴 틈이 있다는데

애도는 애도하지 않는다
이태원 참사와 관제(管制) 애도의 형이상학

참사를 사고라며 달랑
애도 하나 집어 들었나,
선점한 듯 애도를
그렇게 부과하면
나의 애도는 뭔가

애도는 애도하지 않는다

너의 애도는 애도가 애도하는
애도의 자가발전인가
너의 나는 없고 너는
애도의 대리인일 것인데
애도의 무도한 보편 속에서

나는 어디로 떠밀려 가는가

떠밀려
이태원 참사

산 채로 떠밀려 몸이
하늘로 떠오르면 새롭겠다
떠밀리다 선 채로 끼여
제 몸에서 떠오르는 건?
멀쩡한 몸을 떠나 정처 없는 건?
몸 떠나 멀쩡하지 못하다
우주 어디로 떠밀릴 건가
층층이 포개오는 몸들 밑
그 바닥에서는 혼도 영도
빠져나오지 못해 압사는
사색만 완연하게 전 존재
바닥에 깔려 멈춘 것이다

불면증

통나무처럼 잔다는 말이 있다
하룻밤 무정물이 돼버리는 것
쏟아지는 영면에 닿은 것처럼
영면에 닿을까 두려운 것이냐

빛
영선 누님

빛에 목마른 사람만이
당신처럼 살아옵니다
빛은 갈증이었고 갈구
하는 존재가 있었으니
당신만한 사람 있을까
길을 찾아가니 구도요
갈급한 것 마음뿐이랴
함께했던 몸 어땠을지
빛을 향하는 근성이
빛을 발하는 기쁨이
제 몸을 돌아보고는
쉬었다가자 하는가

떨리던 것은 네 영혼에 실린 몸이었으니
오페라의 유령과 크리스틴의 묘(墓)

빠져나올 수 없다는
안도감이 있는 걸로
죽어서도 그리 살까
낮을 함께하지 않고
아침을 맞지 못하는
밤의 매혹과 운명은
차가운 무덤에 놓인
시들지 않는 장미라
육신이 실리지 않아
홀로 산다는 영혼이
떨리던 몸의 기억을
자기로 알고 있을까

상천당(上天堂)

영화 『인생대사(人生大事)』

죽음보다 더 큰 것이 없다는데
죽음이 삶의 태도라는 것이지
태도를 향해 나아가는 것이다
지금 여기 이곳으로도 나아가

오지 않은 날은 언제 닥칠 건가
죽음이 저 바깥 되어 기다리고
죽음의 가닥 떼어낸 한 가닥이
삶이 되어 저 바깥 멀리하는가

폭죽으로 쏘아올린 유골가루
금빛으로 펼쳐지며 쏟아지는
죽음을 거두어들인 아름다움
살아서 올랐대도 상천당이라

홈리스

젊은 부부가 아이 데리고
집이 없어 홈 스위트 홈
어떤 노력을 얼마나 안 했는지
어떤 자질이 얼마나 없었는지
있지도 않은 기회가 얼마나
없었는지 여기 음수는
절대값이 있는지 한 시즌
우승상금이 십억대인 능력처럼
능력주의는 악의 꽃
시스템이 그래 네 탓은 아니다
눈으로 흩날리는 돈이 있을까
성긴 듯 성긴 듯 드물지 않은

슬픔

빈센트 밀레이의 슬픔 다시 보니

나의 공(空)이
어떻게 꼭 이렇게 쌓였는지
늘 궁금했으나 슬픔은
본디 공이 아닌 듯

자성이 충만하다

그대의 환(幻)이라 한들 그대가 환이라 한들
이 슬픔 내 세계인 것

끊임없이 내리는 비는
끊임없이 가슴을 치고
무상의 내력을 걷어찬
상수로 존재하고 있다

천성장가

몸을 날리다 긴 노래 칼끝에서
부재로 남겨
사랑을
네 몸의 부재는 부재가 몸인가
네 부재가 내 몸이면
내 몸이 너의 몸인가
나는 이 일관된 혼란 견디는
혼란 그 자체인 몸이 되리라
한 몸만 남았다는 말은
돌아봐야 할 것이다
한 몸이 어떻게 남았는지
어떤 한 몸이 남았는지

정념

한 발짝도 나아가지 않을 때
않는다고 생각할 때
그 생각을 제한 나머지
전부는 제자리에서 나아가고 있다
제자리는 얼마나 좋은 것인가
라고만 말할 수 있다면
생각이 한 발짝도 안
나아가는 거라고 그 자리가 좋아
서라고 말할 수만 있다면
차마 떠날 수 없어서라고 말해주는 정도의,
화석이라도 남아 사랑을
고증할 수 있다면

남겨지는 고요는 스스롤 품지 않을 도리가 없다
『랜드』(로빈 라이트 감독 주연)

고요가 파도처럼 밀려오는가
고요의 파도인가 파도의 고요인가
고요는 자신이 전조(前兆)가 아니라
자신의 전조를 가질 것이다
번개 같은 상실의 긴 여파가 다시
천둥으로 구르기 시작하는 것
다른 세상 속으로
살아도 되는 걸까 살 수는 있을까
눈이 덮친 땅에서
사냥을 가르친 사람도 사라져
죽음이 짙은 자연의
고요는 스스롤 품지 않을 도리가 없다

천 개의 바람이 되었다니

천 개의 바람으로는
흩어진 건가 돌아온 건가
천 개의 바람이 된 나
내가 된 천 개의 바람
관계의 앞뒤
뒤흔들어보리라
그대를 향했던
나는 밀물 같은
바람의 회집(會集),
천 개의 바람인
형언할 길 없는
그 몸이었어라

변화는 뒤에 오는 것이 아니다

견디는 것이 아닌 걸
견디려니까 견딜 수 없다
견디는 게 아니라는 것
그걸 견디는 것이다
그건 견디는 것인가
한순간 허공을 들이쉬어
육신을 뿌리까지 내쉬면
바람과 함께하는 호흡의
변화를 체득하는 것이다
나는 이미 사라져 있어
그렇게 있는 날
몸으로 얻는 것

릴케

천사는 되라고 있는 게 아니다
천사는 세계다 온전한 세계
온전함을 감당할 수 없는 것
반쪽은 반만 있는 게 아니고
곁만 있다 경계에 연연하면서
전전긍긍하면서 죽음으로
잃을 게 많다고 생각하면서
행복이라는 것 그 실체라는 것이,
꽃과 바람과 파도가 귀
기울이고 있는 것을 차단한다
사랑을 얻지 못한 이가 한 발짝
천사의 접근에 으스러진다

길

윌리엄 워즈워스던가
알프스 정상이 얼마나 남았냐고
늙은 목동에게 묻자 이미
넘어오신 게다 했다지
걷다보면 모르고 걷고 있어
죽음이 얼마나 남았냐고는
물어볼 엄두나 내봤을지
길이 끝이 없다는 데에는
끝을 이미 지나쳤다는 걸
놓쳤다 토를 달아주는 것
그걸 놓치라고 있는 거지
길은

대성동 고분군

너를 앞세우고 다시 올라간다
앞을 새로 보기 위해 뒤를 보고
다시 앞을 보니 네가
그대로 있다는 것 누가
보장하고 있는가 거기가 흔들리고
이 순간 다시 다행이라는
생각이 드는 건 장대한 불안의
조출한 현상학인가
장대한 건 됐고 의미 없다
계(界)가 아직 다르지 않다는
시간의 문제는 필연인가
우연인가 정신이 드는가

꿈길

어딜 그리 가는 것이요
앞 어디에도 난 없는데

어디로 가든 그 없음의
시험에 들지 않길 바라

눈물은 꼭 건조한 안구
촉촉할 만큼만 나올 것

어딜 그리 걷는 것이요
걸음 걸음 의아함 딛고

내가 없는 이곳의 여생
꿈으로 꾸는 삶을 살아

그대 깨나고 다시 이곳
내가 웃고 있지 않겠소

몸

나는 멀쩡한 몸으로
네 심장이 되었으니
너의 몸이 있으리라
어디까지 네 몸인지
나는 어디에 다다를
힘을 비축하는 건지
내가 뛰고 어디까지
너는 미치는 몸이냐
눈으로 못 잡는다고
눈을 뜨면서 온전히
잃고 있는 몸이겠나
심장이 뛰고 있는데

이제 보니

사람들은 그렇게 살고 있다
언제 어떤 일이 일어나도
그걸 이미 가져온 듯 각기
지금 그렇게 있는 것이다
그것이 근원적 반항인 듯
어느 것 하나 틀리지 않은
우연의 우주 숨으로 쉬는
사람들이 세상보다 서늘하다
무섭다고도 할 수 있다
세상은 기껏 싸늘할 뿐,
모든 우연이 오차가 없는
궁극에 서있는 것 아닌가

박수근

입전수수(入廛垂手)

그림마다 수근이라,
불리는 이름이다
친근한 것은 가난하고
사랑한 것은 존재인가
나목만큼 결마다 숨
쉬는 게 있을까
아낙은 아낙네는
아기 업은 여자아이는
있던 그대로의 사리(舍利)
몸에 정착한 것들,
제 몸의 마을에서는
그만 무한해도 좋아라

짙은 그 빈터

눈에 안 보인다고
묽은 것이 아니다
윤곽이 없는 만큼
짙다는 것 아닌가
크나큰 그대의 몸
짙은 그 빈터에서
(꽃의 자태는 묽은
대유에 불과할 뿐)
작은 몸의 방황이
펼치는 마음 하나,
빈터에 가득한 것
빈터가 가득한 곳

대유(代喩): 부분으로 전체를 대신하는 비유법. 부분을 전체로 제시하는 제유(提喩)라고도 함. 영어로는 synecdoche.

크게 돌아오다

크게 돌아오는 건 모르고 만다
계절이 크게 돌아오지 않는 건
따질 것 없고
크게 돌아온다는 건 뭔가
느낄 법하다
모르고 만다니 그런 것
크게 돌아오기 때문에
작게 기다리는 놈에겐
합치가 불가라,
크게 돌아오는 너는
네 자신이 거듭거듭
망연할 뿐이다

사유(思惟)

그으 언제까지
잠복해 있을 건가
이 세상 속 다른 세상은

이 세상 구경꾼이 된 눈,
파멸로 나아가는 장관
흠모로 바라보는 가관

자기 두 눈 바라보다
걷어차는 눈 속의 눈
그것이 잠복했었다

나뒹구는 눈 밖의 눈
떨어져나간 그 순간을
사유하고 있을 것이다

본질놀이

겨울이 참 좋기도 한 것이
본질을 끼고 걷거나 베고
잠들기도 한다는 것인데
이제 그것만 치우면 된다
본질의 속성은 자신마저
남기지 않는 것이다 휑!
그대는 본질이 돼버렸다
탐닉은 거기서 시작하고
남으려는 본질 따윈 없다
이렇게 본질적인 그대가
스스로 밝혀 비추고 있는
마른 잎 달린 풍경의 부동(不動)

달랑 진리 하나

여기서 보면 딱 하나
거기 없다 그래서
거기가 매력적이다
매력에 가담하는 것 천지
여기는 거기 없는 하나만 있어
허망해서 좋은 드라마가 없다
달랑 진리 하나 가지고서
배고픔도 모르면 무슨 재민가,
내 보는 재미 위해 네 방황
방치하고 있을까
자리를 바꿀까도 싶은 것이다
너를 사랑한다는 나를 위하여

영정에 부쳐

화장(火葬) 치르셨겠지
직접 치르신 게다
활짝 웃는 영정
그걸로 각인되는
절차 하나 남겨
불길도 길 불의 길이
불이 가는 길이랴
몸을 태운 망각
내가 되기도 전
미처 모르는 나
모르는 나 없이
다시 계시라 이곳의 이름으로

견디는 계절

겨울은 견디는 것이라고들!
겨울은 어쩌란 말인가
저로서도 방법이 없어
저를 견디는 것이다
거둘 수 없는 제 존재를
인생도 한 철 겨울 같아
제가 저를 견디는 것
저로서도 어쩔 수 없다
나도 나를 견디고 있다
나를 내세워 못 견디는
그런 나를 견디고 있어
봄은 너무 쉽게 소환된다

가을의 분만

사색할 것이 없다
가을이 다 했으니
가을이 남긴 것은
빈틈이 없다는 것
가을을 따라가고
가을에 묻어가고
마주보지 않으면
잉태될 것이 없다
대상의 자궁에서
가을이라는 이름
이름이라는 가을
밀어낼 일이 없다

소멸이 목적

상자 바닥에 닿지 못하고
밀려 올라와서는 제 차례
임박했다 생각한달까
다른 놈들 딛고 올라
조바심 낸달까 꼭 그
귤 두세 알 있다
소멸하기 위하여
소멸이 목적이 돼야
눈길한번 더 받을 터,
귤의 무엇이 소멸하는가
소멸하는 게 있기는 한가
의혹의 눈길 피하고 싶어

가을의 중량

앞이마가 생각의 표정이다
눈이 쑥 들어간 이마
불거진 한 나한처럼
어떤 생각을 안 하는가
안 하는 생각이 한가득
낙엽의 무게 가볍지 않다
고된 몸 고된 마음
그대로 갖지 않고서는
생각만 하고 있으리라
붙어있던 질긴 생각들이
떨어져 내린 그것 뚜렷해
낙엽의 무게 가볍지 않다

영혼의 밤

밤하늘의
무한을 응시할 때
죽음과 교직되면서
눈을 뜨는 유한(有限)이 있다
별들이 축복을 하고
어떤 것도 없다 하늘과의 사이
그것을 '무'라고 하는 것
'클리어'라고도 하는
무언의 영역에서는 말도
인위의 기초도 내려
말의 남용을 반성하면서
무의 오용을 반성하면서

가을햇살

뇌보다 넓다 발코니와
그만큼 더 거실까지 들어오는
오전의 가을햇살이
바깥세상의 지도는 사라졌다
누구든 이끌 수 있을 것이다
그곳이 내게 어디일지는
누구도 알 수 없는 곳으로
그렇게 어디로든 데려갈 수 있다
당신이 그 누구든 나는
나라고 해둡시다
당신을 당신으로 안다는 것
내게 오는 분으로 현현하는

볼레로

한없이 좋아서 거기서 막히면
그것이 또 좋은 것이다
나아가는 듯 나아가지 않고
나아가지 않는 듯 나아간다
옮겨가야 하는가 여기서
변수는 지워갈 나이라
절정의 상수인 볼레로
작곡가가 치매라 같은 곡조를
줄기차게 잊어갔다는 이야기
망각의 열정 한계가 없다
지루함의 뇌는 너무 넓고
뇌는 넓어서 한계를 짓고

실사구시
'시(是)'는 '구(求)'하는 것

그 정도 못 참아서야 폭우에
기어가는 차들이
가는 데 열심이다
그래도 그렇지 그게 주행인가
주행은 달리는 것
실사(實事)는 없다
달리는 순수에는
간다는 불순이 없어
오늘 한 두 차례 순수에 발을 담갔다
자유와 사랑에도 순수가 있지
맹목이 아니라 제 눈을 뜬
응시하는 곳 없이

단풍, 정물

빨간 잎 언제 빨개졌는지 몰라
그걸 정물이라 한다
가던 길 멈췄으니
걸음쯤이야 족적쯤이야,
입 속의 빨간 잎 튀어나와
입은 온데간데없는

공원 곳곳 멈춰 선 나,
움직이는 고개는
애니메이션의 수많은
그림처럼 나뉘는 걸까
더 나눌 수 없는 하나의 정지,
그 꿈 꾸는 것 그리 깨난 것

수건걸이

수건걸이에 수건이 없다
그냥 걸이인가
눈에 띄기로는
수건이 없어서 수건걸이
없어야 불리는 이름은
있을 때 불러주면
거추장스러운가
수건이 없을 때 수건걸이
너의 이름은 지금부터
수건과 함께할 것,
수건이 거의 전장(全長)에 걸린
수건걸이를 보고 있다

정확하게
유병태 형

아무래도 형은
노년의 마음 끽(喫)하는
취향 하나 재배하나봐
헛헛할 짬
내지 못하는 무정에게
유정(有情) 좀 나눠주려고
종이비행기 접어
메시지 던지고는
테니스 치고 막걸리 한 잔
졸음까지 뭔가
정돈된 느낌이
그것이 왜 그리 정확하게
슬프기도 한지

무제

언젠가
들판에 앉아
막걸리 나누리라
술 주무르는 안주야
방어 아닌들 어떠리
대방어 영상 왔대도
김해사람답게 뒷고기 구워
차선인 줄 알았으나
최적인 만족 얻는
회음의 하루 좋아
겨울의 비가 품은 한기가
술기로 내려앉고 있는 것
차분하게 들뜨는
자신 바라보면서

유종원의 강설(江雪)

자연에서 자연으로 간다
고독에서 고독으로
고요에서 고요로
고요에 대한 의식보다
의식의 고요,
들어서 있는 자연으로

단 한 사람 노인!
무심의 정리(情理)
자연을 관중(貫中)하는
오묘하게 담백한 떨림이 온다
유정(有情)의 짙은 맹목
그 둔감 걷어내면서

절경이 이렇구나
천산조비절(千山鳥飛絶) . . .

물
상선약수(上善若水)

물이 흐른다
흐름이 아니다
물은 흐름이 있다
그러나 흐름은 아니다
흐름은 흐르지 않으므로
돌이 되기도 한다
흐르지 않으면서
흐름을 이야기하는 사람은
실로 흐르고 싶다가도
액자에 멋진 필체로
흐를 뜻 위탁한 듯
흐름을 잡아넣는다

흐름이 다시 흐르는 건
내가 물로 흐르는 것
물아 아닌 내가 없어
흐르고 있는 이것에 대한
'나'라고 하는 호칭만큼
괴기한 유명(唯名)이 또 없다
무명유실이 상선(上善)인 것,

자기의식 스몄대도
깨어나 보니 흐르고 있는
알 길 없는 신비 하나
체현하고 있을 뿐
선가의 조사, 도가의 지존처럼

2부

눈의 묵언

눈 녹은 진창이 얼고

그 위로 눈이 내린다

관계를 회복하는 것처럼

그렇게 오는가 너는

내리는 소리는 없고

없음이 내리고 내린다

밤새 내리리라 묵언이

발이 푹 빠지도록

달

기이한 달,

달은 다 지웠다

낳기 위하여 너는

나와 알던 걸 나로 아는

기이(奇異)를 겪을 게다

너는 달을 낳아라

뱃속에 품기만 하면

토해서 올려도 좋다

저 위로 올렸든 꿈속에서

땅에 툭 떨궜든

아침은 그것 잊지 않으리

그런
배리(背理)

안 올 때 오는

안 내릴 때 내리는

그런 눈이 있다 왜 있나

더 깊게는 빠지지 말라고

눈 속으로 벗어나지 마라

담백한 긴장 잃지 말라는

올 때 안 오는

내릴 때 안 내리는

그런 눈이 왜 없겠나

안 올 때, 올 때: '안 와야 할 때'나 '와야 할 때'가 아닌, 실제로 안 올 때, 올 때. 배리(背理)가 가리키는 그런 눈이므로.

눈(雪)
이곳

분할되지 않는 시간으로 온다

환희와 비애의 분할 안쓰러워

제삼의 시간임을 알게 하는가

초연한 것이 수북이 내려오면

여기에 실로 환희가 있겠는지

버릇처럼 또 비애가 깊겠는지

분할되지 않는 시간의 젖가슴

제일을 다투는가 젖먹이 심사

분할되지 않는 시간: 눈 그 자체의 시간을 상정한다기보다 눈의 시간의 한 양태를 의식하는 것. 과거 현재 미래와 과거 이전 미래 이후까지 이곳 한자리에 있는 분할이 사라진 공시(共時)의 의식.

장미하는
동사(動詞)

붉어서 붉어지는

장미하는 활동에

주체를 내세우랴

이염이 나오리라

장미에 장미하는

묻어나는 장미함

그것이 미덥잖은

장미가 장미할까

형이상학

돌에 든다는 두 편의 시쯤
돌의 내면으로 주고
톡톡 두드리고 싶다
비물질의 소리,
돌에 드는 때에는
경계에 서는 것이다
마음의 손가락 관절로 톡톡,
따라 드시길 바라
사라지듯 제 경계에서
무결(無缺)을 설하는
달랠 길 없는 위로의 법,
난해한 눈물 남았으리

처음 보는 낙엽

처음 보는 낙엽이면 좋겠다
제 가장자리에 낙엽
떨구면 좋겠다
낙엽 같은 낙엽은 꼭
낙엽 되기 마련,
맴돌지 말고 쑥 들어
가자 그것이
떠나는 것이고
머무는 것이다
때가 도래하고 있다
늘 도래해 있었대도
익히 아는 나 없다
나와 같은 나 없다
떠나지도 머물지도 못하는

이역(二役)

그대가 떠나고 남는
일인이역(一人二役),
늦잠 자는 내가 먼저 일어나
내가 일어나길 기다린다
건강식 챙기고는

이역(二役)이 나
이역임이 나,
보이게 숨은 그 임
임 아닌 나는 없다
없음, 있음에 매인

떠나고 남는 것도 역할인
진리 있어라

소식

꽃은 피지 않아도 꽃이 피고
꽃이 피지 않아도 꽃은 피고
너는 오지 않아도 네가 오고
네가 오지 않아도 너는 오고
나는 웃지 않아도 내가 웃고
내가 웃지 않아도 나는 웃고
어떤 소식은 그렇게만 있어
마지막을 지난 단계에서는
피는 것과 오는 것과 웃는 것
어느 가닥으로 오는지 몰라
머뭇거리듯 발을 딛고 있는
퇴로는 아니지 진로가 있어

바다와 가을

바다가 오니 바다가 없다
이것이 내 욕망이다
실재 같은 것이 오거든
견지하라는 것 그것의
청명할 뿐인 파고를!
심연은 쾌청하고 대뜸
사랑도 그러하여라
올가을엔 낙엽의 심연이야
발랑 까져 넘실대기를!
무엇을 바라 닦달할 건가
흩날리기 시작할 것들을
더러는 검붉어져 수북할
놈들더러 뭘 내놓으라고!
깊은 것은 추정하지 않기로 한다

실재: 실재는 허무를 선사한다. 앞의 것을 중시해서 '허무'를 '실재'로 바꾼다.

하루살이

죽음이 하루 놀아보니
가장 저답게는 이렇게
하루살이로 나오는 것
생이 진력이라는 체감

죽음이 떼로 놀아보니
난동은 춤이 제맛이라
전폐한다 그것 아니면
뭣으로 살아 현상하리

죽음이 실로 기쁘구나
자신의 생이 춤추므로
자신을 잊는 꿈이므로
절정 하나인 생이로다

진력: 盡力.

와중(蛙中)

빗소리 젖는 소리 그것만 있자

개구리 소리 들리는데 그

와중에 전신(轉信)이 있다

와전된 건 아니다

그대의 현상(現狀)이 떠난

옥빛 잔상이 젖는다

젖은 너희 무관하랴

그

거리는 너희 사이
사이가 크면 이룬 것이다
가지 무성한 나무가 있어
점점 더 크고 있다 이것이 뭔가
착잡은 나약한 독소,
독이 미치지 않는 단순의
정체를 밝히지 않고 가는
우주 본연의 본 자(字)와 연 자(字)
무자비 무무자비
점멸(點滅)하고 있는가

리움

시론(詩論)

훅 들어오는 것이다
불시(不時)는,

예정되어 있었다
예정은 천천히 우러나

단지(但只) 밖에서 오는 게 아닌
내 고유의 시간 알게 한다

소급해서 바뀌는 시간
음미하기 시작하는 것

순간적으로 들어오고
지속적으로 들어온다,

시에 대한 비평처럼 사유는
불시에 대한 상시의 일이다

반딧불이
담뱃불

기대할 틈도 없이
실망을 한다
짧은 왕복의 불빛
앞서 있는가
앞뒤로 지르는 손
검은 인형이
잉여로 자리 잡자
추상도 죽어
틈이 있을 여지가
없던 것이다

인형: 사람의 형체.
추상: 사상(捨象)의 짝, 추상(抽象).

라이 버드

천적 경계하는 뭇새의
소리를 치는 수컷
암컷은 자리를 뜰
엄두조차 못 낸다는데
새끼와 따로 남은
암컷의 매의 소리
생존의 올곧은 흉내가
거짓이 참을 맺는
연기의 뿌리인 것
자기에게 거짓이 아닌

라이 버드: lie-bird

생존의 서(書)

지금 나는 막다른 길에 있다
지금의 나는

멈춰선 나를 지나가다 보는
미래의 나는

생생한 기억이라는 것으로
멈춰서 있다

지금의 날 어떻게 지났는가는
내가 있는 걸로 갈음한다

기억은 역행하는 변화
지금이 비상했다

예술에 대한 정의

예술이네 예술, 예술이야
정의(定義)로부터의 자유가 감탄의 특권이다

누구든 자기만의 작품을 보고 사는 것인데

미술관에는 특권을 밖에 두고 입장한다
예술에 관(觀)이 붙기 쉽다 안에서

미술관 안에서 누군가
감탄의 특권을 누리고 있다

지금 입 밖에 내놓는 예술
밖에서 가져온 건지 묻는다

미술관 밖에 미술관이 있고

미술관 밖에 있는 미술관에
있을 뿐이라 간단히 답한다

마티스의 선처럼

인형의 간결함은
그 선에 있다

(그러니까—
아차, 뒷말은 하지 말자)

그 선의 풍만함은?
상징은 그것이

가리키는 육체에 선을 긋는
묘한 짓을 한다

모순은
즐기면 못 그리지

이 세상이 덮칠 때 빠져나가는
마티스의 선처럼

다 버리기라도 한 듯
다 살리기라도 한 듯

자기가 최고고 전부인
대상마저 불순한 상징의 순수

상징의 순수: 가령 십우도(十牛圖)는/십(十)까지 펼친 것이니//어느덧 건넌 궁극은/따로 없는 것이다.

잭슨 폴락

무엇을 뿌렸는가
내가 전폭적으로
바라보기만 해서는
이런 말 하고 있겠지
'질서로는 환원되지 않지만
무질서와도 타협하지 않는'
말이 피로해지기 시작한다
애쓰지 않고 바로 가져와
나의 노출로 간다 그대
관람의 평 펼치시라
거울이 없는 나의
모습에 대한 평을

연분홍 말초

사소사(些少事)에 에워싸여
에워싸면 다를까
사소하지 않게 되는가
혼란 아니면 혼돈이다
혼돈은 크게 웃는 것인가
파안이 혼란이랴
말초의 나뭇가지 끝 초(梢)
맺힌 게 나라고는 하겠다
끝에다 누가 갖다 붙이는
이단이 아니면 될 것이다
혼돈이 내민 연분홍 말초처럼
거대한 생략이 낳은 직통
고향의 생성과도 같은 것

물음은 어디서 나오는지

어디서 왔다 어디로 가나
온 곳과 갈 곳 물음 속에 있는데
물음은 어디서 나오는지,
물음이 제 기원을 망각
하는 과정이 있다 인생
두 점 잇다 하나인 점 잊는 여정
물음 속 두 점은 물음 속에 있고
물음은 단지 한 점이 아닌
하나인 점에서 나오고 있다
물음이 탄식이어도 좋다
물음이 자기를 망각하고
망각을 미지로 펼쳐놓은

모나드

온몸이 단자(單子)는 아니었을까?
온몸은 해부학의 용어도
부분들의 집합도 아니다
이원론의 용어도 아닌 것,
물질도 비물질도 아니면
물질인 비물질이고
비물질인 물질인가
앞일은 미처 모를 것도 없이
예감의 기쁨만 있음 된단다
긴장된. 슬픔은 이완인가
온몸과 온몸은 이미
온몸에 새겨져 있다

긴장된[.]: 마침표는 연결이 끊어지는 단절을 표기함.

오직 이곳

이곳에서 일어나는 일이다
나도 일어나고 있다 이곳에서
나갈 수 없어 이곳 키우는데
나갈 의사가 없었으므로
나갈 수 없게 된 것
나는 존재하기 전
나가는 수를 삭제했다
이곳은 어떻게 키우는지
나는 존재하기 전
이곳이 너무나도 큰 걸 알았다
존재하기 전으로는
빠져나가지 않는다

흰 잔

앞에 놓인 물 한 잔
흰 잔
그 하나 있다
내가 덜 있어
여생을 거저 맡긴다
희다는 것과 잔이라는 것
그 둘보다 먼저 있으면서
그 어떤 권력도 없이
너무도 범상해,
잠들기 전 그
부동(不動)을 남기고
내 현존 치운다

블랙커피를 말하는 것이 아니란다
지젝의 비유만 옮겨 적다

커피를 그냥 마실 뿐이랴
블랙커피는 줄 수 있단다
크림 없는 커피는
크림이 없어서 못 주고
설탕 없는 커피는
설탕이 없어서 못 주고
크림도 설탕도 없는 커피는
크림도 설탕도 없어서 못 주고
크림이나 설탕이 있거나
크림도 설탕도 있다면야
있기 때문에 빼고 줄 수 있다
있는 경우라야 안 줄 수 있단다

나의 상대적인

왜 자꾸 상실이라 하는가,
나의 상대적인 위치와
나의 상대적인 존재와
내게 상대적인 변화와
내게 상대적인 결과를,
지금 나의 절대적인 위치와
지금 나의 절대적인 존재와
지금 내게 절대적인 변화와
내게 절대적인 결과로 바꾼 것이
상실을 초래한다고 말해보겠다
지금 절대적으로
나만 있다고 말하는 것이

사랑

세상에 변하지 않는 것이 없으니
변하지 않는 것이 없는 것도 변해서
변하지 않는 것이 있게 됩니다,
그 있음에 대한 마음으로

우도

우도에 가서는
풀밭 언덕에 있다는
등대에 가지 못했다
풀밭 언덕에 있는 등대에는
가지 못했다 할 수 없는데
등대가 있다는 것은 사실일
필요가 있어 필요에 따라
풀밭 언덕에 등대가 있다
사실일 필요가 없다
등대가 있다는 것은
그것이 자기만 있는
등대로 독립하려면

돌

물이 굳는다
돌이 흐른다
역설이 아니다
억설이 아니다
반대로만 가는 문이 있어
하지 않은 약속과도 같다
유위로 흐르면 굳는 것
무위로 있어 흐르는 것
자연은 무섭다
자의식이 없어
확인할 제 마음 없다
나는 소멸했는가

착잡한가

착잡하다
딱 그렇다는 것이다
간명하다
간명함은 착잡함의 형식인가
내용인가
딱 그 하나 있다는 것이
딱 그 하나 있는 것을
넘보기는 하지만
딱 그 하나 있다고
딱 그 하나 있는 것이 해결되지는 않는다
미결이 간명하다
번뇌가

맑은 안개

고정이 안 되는 이것,
차이로 고정된다
하나 아닌 둘
하늘과 땅의 차이는
좁고 안일하다
너와 나의 차이 우스워
나와 나의 차이 남는다,
이것 하나의 차이면
안 되겠는가
이것은 다른 이것,
이미 다른 이것이므로
달라지기도 하는 것이다

잡문雜文

동일성이라는 차이
「맑은 안개」 해제

이것으로 드러날 무엇을 모실 괄호 따위는 없다. 그 '무엇'은 '이것의 차이'로 변용된다. 그림자를 보면서 몸체를 의식하는 현상학에서, 몸체를 보는 언어의 존재론으로 나아가는 것. '이것'은 자체로 다 드러나는 것이다. 이것 자체의, 이것과 이것의 차이가 있을 뿐. 그림자도 이것이고 몸체도 이것이다. 하나의 위상에서 동일성의 본질은 차이의 은폐. 차이는 은폐로 드러난다. '이것과 이것'이 이상해 보이는 만큼은 은폐가 작동하고 있는 것. '이것과 이것'에 앞서 '이것'은 동일한가. '이것' 자체가 이상할 수는 없는가. 동일성이라는 차이. 서로 다른 둘의 차이는 둘 각각의 동일성을 전제하므로 하나의 정체인 차이가 아니다. 나는 나와의 관계에서 내가 아니다. 내가 아니라는 이것이 나라는 차이, 나라는 동일성의 차이다. 나는 끊임없이 내가 아니라는, 나라는 정체를 가진다. 아집을 무화하는, 차이로서의 동일성. 차이로서의 동일성이 동일성인 한, 나는 선인/악인도 이성/욕망도 아닌 단일한 내면일 뿐이다. 나는 내가 나라고 생각하는 내가 아닐 수 있다는 가능성, 아니라는 현실성으로서의 차이일 뿐인 것.

미지에 관하여

영화에서 노아의 한마디,
It begins.

현제시제의 위대함이여. 상습성을 치는, 상습(常習)의 '상'과 '습'을 갈라치는. '습'이 되지 않은 '상'에 관하여.

확인만 하면 되는가 잡히지 않는 것을! 파고의 드센 호흡으로 펼쳐지는, 것은 있을까. 그 '것'은 다른 것이다. 미지를 확인하려면 미지가 되어야. 내가 미지인데 내 밖의 미지가 불안할까. 기지가 미지에 대해 갖는 불안만큼 싱거운 긴장도 없다. 다 알만한 것의 경계, 밖은 얼마나 딱한가. 파고는 안에 있다. 내가 파고다. 태만한 불안과 최악의 기지와 어설픈 희망을 일소하는.

기지는 기다렸다가 미지를 맞지 말고 선제적으로, 자신을 일소할 것. 실상 일소할 것이 없기도 하다. 낙엽은.

파고는 삿될 수 없다. 그쪽으로는 철저히 무능하다. 조금 아는 대로 잘 해보겠다는 삿됨. 그저 알 만한 것이 끼어들 틈이 없는 미지의 호흡과 숨결. 목숨은 그걸 느끼라고 그걸 알라고 붙어있는 것이다. 빈틈없이 느끼라고.

어머니는 머미(미이라)로 남으실까 사리로 남으실까 삿된 공상이 또 한 번, 기지의 전염성을 확인하니 머미나 사리는 거짓 미지. 기지가 제 앞에 툭 던지는 미지는 병이 옮아온 것. 파고가 없다. 아니다.

파고는 저류와 혈연이다. 결연은 없다. 잔잔한 수면 잔물결에 부딪히는 햇빛이 저류를 잊지 않아 삿되지 않다. 반짝이는 네 안에 저류가 있는가, 잊혔는가. 잊혔으니 원래 없다.

알 길이 없다는 걸 아는 데는 길이 따로 없다. 언제나 길이 추문이다. 미지를 벽으로 아는 알량한 기지로는 미지를 미지로 알 수 없다. 미지는 미지가 아는 것. 나를 미지로 알면 미지를 알고자, 기지로 만들고자 할 일이 없는 것. 기지의 절친인 불안은 미지를 밖으로 밀어내고는 스스로를 유지한다. 유령. 유령이 말하길, 저 밖에 유령이 있단다. 기지라는 유령과 기지가 보는 미지, 라는 유령. 중심에 구멍이 있다. 유령이 드나드는 곳.

나는 아직 백발까지는 못 됐으니 미세한 경계, 그 가는 선에는 둔감할 것이다. 굵은 선이 가늘어진다는 건 좋은 일이다. 그러나 선이 없는 것에 비기랴. 선이 없으면 존재가 굵다. 선가의 젊은 조사처럼.

요약이 안 되는 말을 하고 싶다. 따라 읽을 뿐 정리할 수 없는 말을. 마디를 찾을 수 없는 하나인 흐름이고 싶다. 흐름을 간직한 한마디, 따올 수 있을 뿐인 말. 그것도 박제가 되지. 기지의 압정 꽂은 죽은 미지랄까.

무엇이 시작되는가. 바로 그것으로 확정된 것. 가득한 울림. '무아'라는 명(鳴).

단풍을 대하여

단풍은 대하기만 하면 된다. 뭔가 이야기하고 싶어도 그런 기분이 있을 뿐 정작 꺼내들 말이 없고 단풍은 그게 맞다하는 듯 고갤 끄덕이고 있는 것처럼도 보인다. 이만한 성취가 있으랴만 무엇을 성취했는지 이야기하는 것은 금기에 가깝다. 단풍구경은 이야기하지 않는 훌륭한 방법이고 사람들은 오래전에 그걸 체득한 듯 부지런할 뿐이다. 게으른 자가 제자리에서 불요한 이야기의 열정과 고난을 자초한다. 몸이 부지런한 걸 우습게 아는 습관이 단풍을 대하면서 단풍에 대해 이야기하는 나태로 늘어진다. 단풍을 대하기만 하는 것에 대해 한마디 할 수는 있겠다. 도대체 이 잎의 세계의 끝이 붉은 까닭은 무엇인가. 이단이라서가 아니다. 마지막에 드러나는, 드러나게 되어있는 한 생의 내력의 현재성, 지나간 열정과 고난이 현재의 모습으로 전시되고 있는 것, 이것만한 정통이 또 있으랴. 단풍은 대하기만 하면 된다. 그 이상 하지 말라는 게 아니라 그 이상 없다는 것. 아무것도 성취한 게 없으므로 제 바깥으로는.

카이로스

크로노스는 사건을 배제한다
사건은 시점(時點),
시간의 점은
시간의 흐름에 묻히지 않는
흐름을 멈춘 시점(始點)
사선(斜線)으로 날아든 살이다
시간의 불변의 흐름
시간의 수구본능
그 작동 정지하는 순간,
점이 개념에서 실존으로
추상에서 구체로 현상한다
점은 무수할 필요도
무한할 필요도 없다
무한수의 점은 쓸데없다
카이로스는 점의 약동
주체의 역동(逆動)이다
부단히 흐르기만 해서야!
멈춘 순간 돌아보는 반(反)
점의 사건

시간의 흐름

시간의 흐름이라는 것
흐르지 않는 흐름으로
정지한 채로 의식된다
시간이 흐르고 있대도
언표된 시간의 흐름은
시점과 시점 사이,
식은 커피 반과 한 모금 남은 잔
그 사이에서 사라진다
그 사이도 하나의 점,
간점(間點)이다
흐름이라는 것도 흐름이라는 점,
유점(流點)에 의식이 머무는 것
의식이 따라 흐르는
시간의 흐름은 없다
시간이라는 것 그것이
흐르고 있다는 주장과
흐르고 있을 것이라는
과격한 추정이 있을 뿐
현재 흐르는 것은 없다

점들이 사전에, 사후적으로

흐름으로 통합되는 것,
점도 오직 점일 뿐인
순수한 점은 찍을 수 없으므로
점의 비순수로 점과 흐름,
두 항(項)의 대립을 지양한다

시간의 점(點)
일상의 카이로스

시간의 흐름은 시간이 흐른 뒤에 아는 것. 그때그때 아는 것은 시간의 점(點)이다. 흐름은 체험의 현재가 아닌 미래에 하는 회고일 뿐. 왜 유독 흐름을 이야기하는가. 말할 때마다 무엇이 그리 덧없고 마는가. 나날의 시계(時計)체험은 흐름인가. 세 시에 만나 다섯 시간 흘렀으니 이제 헤어질 시간, 다섯 시간 동안 흐름을 느끼고 있었나. 그런가. 그랬다면 넌 나쁜 놈이다. 그 다섯 시간의 체험적 본질은 점. 우리가 찍는, 마음이 찍고 몸이 찍는 시간의 점. 점은 각별할수록 빛난다. 회상되는 과거의 시간도 시간의 지점(地點)들, 점들이다. 점은 찍으라고 있고 실제 우리는 수많은 점을 찍고 있다. 다만 그것이 빛나는 각별한 점, 시간의 흐름을 뚫고 솟는 점이 되지 못할 뿐. 극적인 모든 체험은 점으로 빛나지 않는가. 흐르는 시간의 횡포에서 벗어나는 한, 비극 또한 빛나는 점이다. 그저 부단히 흐르는 시간만큼 정체된 것도 없다. 시간의 흐름을 뒤늦게 의식한 덧없음도 스스로 정체되고 있음을 드러내는바, 내 세상에 내 삶에 덧없는 건 없다. 잘 찍었다 나의 점들, 남길 건 남기고 가져갈 건 가져간다.

단 한 점(點)

해가 처음 뜨면서
마지막 해가 뜬다
한 점의 문제라는 것
지금
해가 처음 뜨면서
마지막 해가 뜬다

지금 뜨는 해로는,
또 한 번의 해가 뜬다는 것
그걸 걷어내고 간다

전(前)과 후(後), 두 블록 삭제
시점과 종점 흡수한
지금의 점 금점(今點)
단 한 점이 오프라인
툭하면 꺼지는 그 점

크로노스

[농경의 신과 시간의 신의 분리 및 겹침이 있으나 시간의 신 쪽으로 의미가 통합된 내력에 따라 시간의 의미로 씀]

I

나는 왜 이 척박한 곳에 몸 뉘는가
시간의 무도한 흐름 위에

II

문제는 크로노스다
그래서 카이로스가 나온다
카이로스의 생성보다
더 본질적인 문제가
크로노스의 해체인 것,
크로노스도 생성된 것이다
크로노스를 놔두면서
카이로스를 이야기해서는
해방의 정서는 양육하되
해방에는 이르지 못한다

III

크로노스는 비실재의 권력이다
크로노스는 비실재가 권력이다
변화의 여지 없이 정해진
걷든 안 걷든 누가 걷든
동일한 길은 무도(無道),
추상적 보편인 허상이다
시간의 흐름이라는
시간이 흐른다는 빈 그릇
치워도 좋은 빈 것이 내용물로,
모든 내용물의 보편으로
유령의 등극을 하는 것
모든 존재의 속성이자
존재마다 다르게 흐르는 시간이
속성에서 관념적 실체로,
차이에서 동일성으로 추출된 후
절대적 실재로 상정되는 것인데
상정이 본질인 실재는
관념으로 생성됐다는 점에서
절대 자체가 비실재에서 나온다
비실재가 실재로 상정되는 것은
오직 비실재만이 차이도 없고
예외도 없는 보편성을 담기 때문
관념으로 생성된 절대권력,
크로노스는 비실재가 권력인 것

IV

시간이 나를 가져가는 것 아니라
내가 시간을 가지고 가는 것이다
비운이 아닌 희운(喜運)일까
비운은 거부할 수 없는 운명의
수용에서 나오는 심적 기조이나,
거부할 수 있고 없고를 떠나
운명으로 명명된 그것의 실재성
아니면 비실재성, 이것이 문제
시간의 실재성, 실재하는 본성은
어떤 시원적 상정으로써
해체되지 않는 권력, 힘을 얻었나
'시원(始原)'도 상정을 덮지 못한다
생물적 생존이 순수하게
유일한 문제였던 인간의 시절 있었을까,
예의 그 비운이 자리 잡지 않은(는),
시간이 나를 가져간다는 생각이
뿌리를 내리기 시작하는 어느
시점 이전의 인간의 시절,
인간이라는 존재가 자신이
시간에 끌려가 언젠가 죽음에
이른다는 생각에 꽂히기 이전,
어쩌면 고인돌은 떠나는 존재가
자기 시간을 가지고 간다는
그런 의미로 끝없는 길 간다는
간명한 짙게 담백한 심성이었을까

V

빈자도 잃을 게 많은 게 인간이다
가진 것 없이도 잃을 게 큰 존재가
크로노스는 자식을 잡아먹고
쫓겨난 뒤 후손의 내면에
외부의 무도한 힘, 권력으로
시원적 트라우마로 자리 잡았다
물론 크로노스는 원인이 아닌
신화적 상징의 결과물인 표상
목숨이 붙어있는 한
크게 잃을 게 있는 인간은
그걸 잃는 과정인 시간의 흐름,
그 외력에 굴복하면서
순응이 곧 지혜라는 항서를 쓴다
시간의 흐름은 인간 보편의
실존의 외적 조건으로 묵인되는바
인간 제 집단 및 개인의 정치적
자기이해를 가두기도 한다

VI

자, 불변의 사실, 불변의 조건인
시간의 흐름이 있다 불변이라는
괴물이 시종 도사리고 있고
인간은 그 입 속에 자신을 넣는다
의심 없는 무의식적 행위,
자신을 넣는 행위 또한 스스로를

돌아보는 반성의 계기 없이
불변이 되어 호응을 하고 있다
시간의 흐름이 불변인 것과
어깨를 나란히 하듯 자신들도
불변으로 흘러가길 바랄 뿐더러
실제로 그렇게 흘러가고 있는
많은 경우 떳떳하기 어려운데다
수치의 치를 떨어야 마땅할
기득권 세력의 사뭇 당당한
몰염치는 괴물만이 맞는 이름이다
(시간처럼 자신들도 이대로
마냥 흘러가면 얼마나 좋으랴만
그럴 수 없다는 불능도 불변이니
단 하나는 예외이고 싶겠지)
"인류가 존속하는 한
시간이 아무리 흘러도
지금 이것이 변할 리 없다
역사는 궁극적으로
변화를 가리키지 않는다"
종말은 심판을 내포하니 싫고
궁극은 심오하기만 해서 좋단다

VII

자, 이들은 놔두자 안 바뀌니
삶이 바뀌길 바라는 우리는?
삶의 형편, 생존 조건의 변화는

변화의 (집단)주체가 필요하지만
시간의 무도한 흐름 크로노스의
권력을 뿌리부터 해체하려면
그 힘이 비실재에서 나온다는 것
불변의 길은 길의 모색이 없는
길이 없는 무도(無道)라는 것
그걸 두뇌의 세포 몸에서부터
체득하는 혁명이 있어야 한다
길은 길을 가는 자의 몫이고
꼭 그만큼의 몫이어야 하리라
도덕경 첫 문장에서 읽듯
길이라 하면 길이 아니다!
내가 따라가는 길이라 하면
시간은 이미 길이 아니다
내가 시간인 길, 내가 변하면서
시간의 흐름도 변하는 길
내가 걷자 도래하기 시작하는
내가 걸어가면서 생성하는 길,
정해져 있는 어떤 길도 아니다
이 길은 길이라 할 수 없는 길
내가 걸어서야 비로소 길이 되는
길이 아닌 길이다 금강경 식으로,
길이 아니기에 길이라 한다
(道非道 是名道)
시간의 흐름에 쓸려가지 않고
내가 유일무이한 흐름이 되면

내 고유의 율동이 개시되면
거기 맞춰 시간이 날 따르는 것,
내가 "시간 속에" 있어
시간이 관념적으로 실체화된
비실재의 위력을 행사하는 데서
거기서 벗어난 탈(脫)비실재,
나의 현존재를 통해 회복되는
시간의 실재가 나라는 개체를
"시간적 존재"로, 자기존재의
주체로 존립하게 한다
[대체 우주 어디에 객관적으로
확정된 시간이 있는가 우주의
일원이 아닌가 나는]

VIII

나의 시간 너의 시간 우리의 시간
너희의 시간, 여기 공통인 시간은
나 너 우리 너희 그중 누구든
개의치 않는다 비실재이므로
나의 시간이 시간의 실재
너의 시간이 시간의 실재
우리의 시간이 시간의 실재
너희의 시간이 시간의 실재다
내가 나의 시간에서
나와 시간을 갈라
나를 시간에 넣을 때

나의 시간은 없고
나도 비실재가 된다
아집과 아상, 추상화된
관념적 실체로 굳어지면서
너 우리 너희도 마찬가지
나의 시간만 있고 그것이 시간,
나의 시간이 시간이다
시간은 나의 시간이다

IX

시간이 내게 와서 몸을 의탁했다
시간도 몸도 없는 의탁만 남았다
시간이 비실재로 드러나면서
나의 시간이 실재로 남았다
시간이 따로 없는 나의 시간
시간이 아닌 나의 시간
나의 시간이 가고 있다
내게 주어진 시간 따위가 아닌
유일한 실재로서의 시간이
온전함 속으로 귀의하고 있다
한없이 담백하다는 것이다
시간을 거둔 나의 자축(自祝)이

제 밖으로

세월도 싣지 않고 다시
어제 왔는데 다시
좀 전에 봤는데 다시
그래도 은어(隱語) 하나는 챙겨
좀 다르게 진동하려 하니
우울을 좀 아는구나
한 눈금 틀고 갈 때
시간이 따라오면 된 것
먹이 하나 주는 것보다
먹이를 준다는 것,
시간을 살리기 위하여
저도 모르는 곳으로 데려가

허투루?

시간을 허투루 쓴다니
제대로 쓴다 반박할 텐가
쓰는 건 매일반
장(場)이 같아 대립이다
심판도 하고 매도도 있고
교만도 있고 편협도 떡하니 있네
용자(用者) 두 부류 말고
불용(不用)은 없을까요?
내가 안 쓰면 된다네
내가 아예 안 써버리면 되지
말입니까 막걸립니까
막걸립니다 (한 사발 들이킨다)
시간을 쓰지 말아 보시죠
쓰지 않으면 다르게 갑니다
시간이 나를 쓰게 하는 것
나를 쓰게 놔두는 겁니다
내가 할 일은 그것뿐 나는
엄청난 유한(有閑)의 인간,
혹사(酷使)는 시간을 쓰는 나의 소행
나태도 마찬가지 나의 시간은
내가 쓰는 시간이 아닌

내가 돼서 가는 시간의 몸
정신처럼 정신없지 않고
틈만 나면 쉬어간다
틈을 내서 쉬어간다
시간의 몸은 틈을 좋아하고
마주 앉은 이에 귀 기울이면서
틈틈이 즐거운 한눈을 파는
미움도 기꺼이 살 것이다
스타벅스라는 시간, 그 시간의
지체(肢體)인 자리 하나,
옆 탁자 하이 톤 여자애 셋,
물론 자기들 얘기에 몰두하고
몰두한다는 의식이 없어
몰두한다는 시간도 없다
듣는 나 말고 쟤들에게는
(그건 몸 밖으로 밀려난 시간)
만나서 시간을 보내볼까 하는
순간 시간은 변용된다 제 몸으로
시간을 보내볼까 하는 그 순간,
시간은 이미 몸이다
몸으로 현상하는 것이다
몸을 흔드는 마음 자체가
몸이 있어 흔들리고
목적 방향 의미는 부차적
(몇 시에 만날까, 시간도 한번씩

거울로 제 몸을 짚어야 하는 것
그런데 거울은 자꾸 보면 안 된다
자꾸 고쳐 쓰고 싶은 시간은
성형중독의 덫에 걸린 것
시간을 잘 쓴다는 생각 자체가
눈에 안 띄는 문제의 뿌리)
쟤들은 시간을 잘 쓰고 있다,
지금 쟤들의 시간을 말해주기에는
어딘가 뭔가 부족하지 않은가
시간이 쟤들로 나타나 있다,
시간이 쟤들을 쓰고 있는 것
시간에 용자(用者)의 실체는 없다
쟤들을 쓰고 있는 순간순간만
그때만 용자인 듯 나타나는
쟤들로 현상하기 전에는
존재하지도 않고 할 수도 없는
그런 시간이 쟤들을 쓰고 있다
(시간의 존재는 시간의 현상학)
지금 나의 시간은 자성(自省)으로
현상하고 있다 지금의 시간은
자성의 명목으로 나를 쓴다
자성을 하는데 무슨 더 나은
자성을 할 것이며 더 잘 하려는
시간을 쓰고 있을 것인가
시간이 자성으로 현상하고

나는 따라가는 존재일 뿐
엄밀하게 따져 말하자면
존재하지 않는 것이기도 하다
(새로운 생각은 더 잘할 게 없다
표현의 기술은 한가한 사안이다)
사설은 됐고 어떤 자성을 하는가
쟤들 말이다 조용히 글을 쓰는 데
백색소음은 오히려 좋다 치고
대화의 내용이 더러 또렷한 때
뭐 저런 시답잖은 얘길 하면서
시간을 허비하나 하는 다분히
감정적인 생각 꽤나 들었었지
쟤들은 귀엽기라도 하지,
스타벅스 아닌 시간도 있었고
술의 기운과 튀겼을 침과
싸우는지 사귀는지 모를 목소리
(상대가 좋다는 호전적인 목소리
오랫동안 들어왔어도 잠시 헷갈려
슬쩍 돌아보기도 하는데—)
큰 소린데 소리만 들리기도 한다
술기의 여운을 누리는 것이겠다
마시느라 미처 못 한 말도 있을 터
배려보다는 비꼼에 기운 생각
점잖게 욕하면 욕도 품위가 있나
저들은 지금 시간을 쓰는 데

관심이 없다 비즈니스도 아니고
잘 쓰든 못 쓰든 문제가 없다
시간을 쓴다는 것이 문제가 아닌
이것이 이 대단한 실행이
편재(遍在)해 있다 일상에!
한 무리의 사람들이 늦게 와서는
먼저 일어나고 있다 시간이
거울 한번 보고는 사라지는 것,
몸으로 현상하고 변용한
한 매듭 짓고는 나아가는 게다
현상과 변용, 그것이 시간이다
시간이 자신에 선행(先行)하는가
요컨대, '자신에 앞서는 시간'
(time that precedes itself)이라는 것,
이것이 만고(萬苦)의 근원이다
비실존, 비실재의 괴력인 실체
어찌 보면, 세상 사람들이 시간을
허투루 쓴다는 우려만이 우려할 일
지금 나는 세인의 자성을 대신하는
시간의 몸인가

고작

고관대작의 줄임말? 고작
커피나 마시러 갈 것 아닌가
두 음절로 졸인,
일상이
얼마나 무서운 것인지
딱히! (낫씽 파티큘러!)
파티(病)은
내가바라는시간병이고
증상은 뭘바라는지모름증
고질적인 병증으로
이대로는 불치,
증상이 배반하는 병은
배반의 이유를 알아야—
(더바랄게없다라는
다행증(多幸症) 아니면
정신이 승리까지 가는 병증,
정신승리도 있는데
거긴 딱히 배반이 없다)
내가 너무 길들어버려서
늑대가 사람에게 와서 개 됐듯
한때 야생이었음 까마득히 잊은

망각이 그런 증상으로 남았나
기껏 산책 나가는 게 전분데
그건 운동도 못 되는 것
늑대의 시간은 돌아오지 않고
외유의 호사나 나만의 골방은
이내 타지는 미봉책,
왜 뭘 바라는지 모르나
모르게 되어있나
바라는 사건이라도? 없다
혹시 있어서 일어나도
사건 이후
필시
증상은 깊어지리라
벗어날 수 없다는 건
벗어나지 않는다는 것,
당위와 결의가 대기하고 있다
어떤 실상에 끼어들려는지
고작 카페에서 고작해야 앉은
고작 그 시간에 그 시간에서
나는 나를 면제하듯
떼어내고 싶은가 뒤가 없는데
무덤도 지금 이곳이다
내가 없으면 없는 시간이
내 동선만 따르는 시간이
내가 여기 없어

여기 없던 시간
내가 올 때마다 존재했지
내가 있는 대로 있으면서
커피를 마시고
생각을 하고
너도 마주보는
그 연속이
고작 즐비할 뿐이랴
빛은 보이지 않고
빗살과 빗살 틈새 하나 없이
틈새 하나 없어
그러고 있을 뿐인가

나의 시간과 나

데리고 간다 나의 시간
아니 거둬서 간다
나와 함께 왔던 것처럼
이제 동시에 떠난다
(언제나 있다는 그 시간 말고)
내면서 내 귀에만 들렸던 내
목소리처럼, 오직 나와
나의 몸, 마음, 정신과
속속들이 짜인 내 시간
남김없이 거두어간다
문자나 기억으로 내가
남기는 시간이 있지만
그건
녹음된 내 목소리와 같아서
나와 함께 떠나는 시간과는
달라,
고맙구나 남김없이 떠나
떠남이 순수한 시간아
누구는 "나의 영혼과 나" 노래했지
나는 노래는 못해도
"나의 시간과 나" 내세우리
오직 나 자신에게

계묘년(癸卯年) 첫날

두 노인이 겨울벤치에 앉았다
한 노인이 지나가는 날 본다
나는 옆으로 지나가고 있었다
고개가 약간 돌아온 것이겠지
(고개가 도는 풍경의 시간)
다른 노인이 말하고 있었다
한 사람의 시간이 고개를 돌리고
의미를 건너뛴 말의 시간이 있고
종식된 건 불길 하나라
햇살은 보조를 맞춘 기색,
햇살의 시간 지나가는 나
시간의 몸이 지나가는 것
어쩌면 햇살의 각도에 맞춰
내가 지나면서 고개 돌아온,
그저 흐르는 시간이 아닌 시간
나의 시간 당신의 시간,
시(時)는
계(界)가 뚜렷이 스칠 때
계(計)가 없는 것이다
스치는 계(界)의 시간 뚜렷한
새해가 되기 바란다고

자성(自省)을 붙여
계묘년 첫날
인생의 지인께 전한다

신(神) 관점

자기존재에 대한 의식은 없어 신은 인간사 매사 개입하지 않는다. 신은 자기의식이 없이 열려있을 뿐, 자기의식으로 응집된 닫힌, 개입해 들어오는 존재가 아니다. 인간의 행복과 고통은 응집이고 응집의 결과. 제일(第一)의 응집은 아집이다. 인간 존재는 개폐식, 순수한 개(開)는 신성, 폐(閉)를 겸해야 인성을 갖추는 것. 인간은 너무 열리는 걸 추구하다 한꺼번에 닫히는 경험도 곧잘 하지 않는가. 응집이 풀어져 존재가 묽어지는 느낌 누가 묵인할까. 희박해지는 건 공기도 싫어할 것. 그러나 순수한 열려있음은 자기의식이 없는 존재의 온전히 내포적인 밀도로 작용한다. 신의 밀도. 세상의 크고 작은 온갖 응집들을 내포하고 있는 것. 인간사 전체는 외연이 없다. 신은 자체로 희박해 보이지만 내포로는 고농축. 신은 인간사 전체의 자기의식을 대신한 의식이 있는 존재. 인간사 전체의 불가능한 자기의식이 신으로써 가능한 자기의식이 되는 것. 다 보고 듣고 안다 그리고 언어는 침묵. 전지(全知)가 전능인데 무슨 능력 또 발휘할 것인가. 전지를 지향하면서 인간은 숱한 맹목을 지닌 채 자기의식을 통해 자기혁신이나 보존에 힘을 쓴다. 신은 개입하는 주체가 아닌, 인간사 전체가 지향하는 자기의식이다. 무수한 응집을 내포한, 스스로는 응집이 아닌 존재. 존재가 아닌 존재. 신.

평범해지는 것
시를 향해 있는 것

평범하기보다 평범해지는 것,
평범은 의식에서 비범의
비(非)를 쳐내는 수련이다
평범해서 좋다면서
뭐가 좋은지 얼버무릴 때
평범해지긴 틀린 것이다
경제 얘길 잠깐 하면
성장도 그늘도
없는 게 평범한 것이다
비범해지려는 의지와 노력
수많은 닭들을 개의치 않는
학에의 의지가 만인의 의지
획일과 강박의 극, 끝없는
선망은 민주주의 내부의
자발적인 것으로 위장된
반(反)이다 내파(內破)로!
민주는 민종(民從)을 끼고 있다
비범을 추종하는 것이 극히
자연스러워 보이는 만큼
반(反)은 가득히 만연해 있다

이미 평범하니 비범해지는
그 하나뿐이라는, 아무 생각 없는
사유(思惟)를 죽인 반응이
유령처럼 배회하면서
곳곳에서 작동하고 있다
이미 평범하다고? 사실상
아무것도 없다는 소리로 들린다
비범에 대한 생각만 있기 때문
그 생각을 버린 비범이라면
평범해지는 길을 여는 것으로
받을 수 있는 유일한 것이리라

[평범으로 가는 길이 닫힌 채로
그저 비범이 아닌 평범이 좋다,
아무 열망도 없이 의지도 없이
이미 평범한 대로 산다는 것은
정신이 굳이 승리까지 가야 하는
자폐적 '정신승리'의 극단으로나
그쪽으로나 열려있기 십상이다
의미부여 없이는 살 수 없는
그런 존재가 인간이므로]

이미 평범하다는 생각이
평범을 은폐하는 주범이다
평범은 평범해지는 길에 있으므로

그 길을 따라 평범해진 사람은
나날의 각성 속에서 나아가는바
평범의 비하를 전제하지 않는다
나이만 어린 천재 피아니스트
임윤찬은 '평범의 윤리'를 안다
자신이 비범하다는 자의식은
재능의 발현을 저해할 것,
사람이 없는 산에 살아도
피아노를 칠 수만 있다면
더 바랄 게 없다는 마음이
계산된 언사가 뭔지 모르는
본성의 자발적 윤리로 나온다
평범과 비범의 이분법에서
평범이 죽고 비범만 살아남는
패륜이 빌붙을 여지가 없는 것
예술적 능력의 본질과 평범의
윤리가 일맥상통하는데 이는
비범한 재능의 반석과도 같다
자기존재에 대한 의식이
평범의 길로 나아가는바
비범은 평범의 발현 양상일 뿐,
별도의 영역이 아닐뿐더러
별도인 걸로 보이는 것부터가
같은 길 같은 바탕에서 나온다
비범한 재능이 길을 잃고

독립된 실체로 부유하는 경우
내려앉을 토대가 없기 때문에
부침에 따라 부박했다가
가라앉으면서는 좌절하고 만다
무의 심연에 빠지기도 하는 것
부박한 재능은 횡행하기 쉽고
좌절한 재능은 삶이 무화된다

정작 비범은 비범에 대한
의식이 없다 그렇다니까
그런가보다 하는 것일 뿐
비범이 자의식이 없다면
비범하지 못한 사람들이
비범에 대한 의식이 있는 것
비범해지는 데만 힘쓰기에 앞서
자의식이 없는 비범의
비범한 평범에 주목할 일이다
어떤 자의식의 소모도 없는
평범에서 비범이 나타나는 것
비범의 겸손 따위가 아니다
겸손은 자의식의 적자(嫡子)이므로
이미 손상된 비범을 가리킬 뿐
미덕 정도로 전락하는 것이다

평범의 지반(地盤)은 비범의 부침(浮沈)을

허용하지 않는다
내면이 부침하는 비범은
비범의 자의식은 비범하지 않다
누구와도 다르지 않은 지반에서
다르게 발현되는 평범의 비범,
그것은 인간의 한 양태일 뿐
평범 앞에 마주서는 게 아니다
대립(對立)이 아니라는 것
비범은 앞에 있는 것이 아니라
옆에 있는 것이다 주변 주위에
나란히 있는 데서 한걸음이나
만 걸음 더 나갔다고나 할까
그만큼의 능력을 그만큼의
능력만 인정한다는 것,
만보 앞선 능력은 동요 없는
여여(如如)의 부동(不動)으로
충분히 인정하는 것이다

평범해지려는 의지와 노력은
그 본질상 시(詩)를 향하고 있다
시가 되는 삶을 향하는 것,
능력의 차이와 재능의 유무가
차이와 유무의 비교에 묶이는
그런 삶이 현실을 참칭하면서
시의 비현실을 강변하는 순간,

비유컨대 서행과 질주 밖으로
주행이 밀려나는 것이다
노면과의 접촉과 더불어
실제의 기반이 실제 밖으로
밀려나가는 변고가 일어난다
반복하건대 평범은 비범에
대(對)한 항(項)이 아니다
그것은 비범으로 나아가는
출발점과도 다른 것이다
이때의 출발점이란 실상
유명무실한 전제일 뿐
의식이 나아가야 하는
제 기반과는 무관한 것,
삶의 내적 기반이
저절로 주어지는가,
평범은 지극한 상태이자
지극의 운동 움직임이다

항상 그리고 이미

항상 그리고 이미 있는 것만큼
평범한 것이 없을 것인데
그 평범한 걸 모르고 있다면
평범은 과연 무엇인가
안다고 생각하기 때문에
모르는, 모르게 되는 것
안다는 생각조차 없을 만큼
너무도 당연해서 아예
생각 자체가 없는 것을
한마디로 망각이라 한다
망각이 뿌리가 깊은 것은
평범한 것이 이미 그리고
항상 있기 때문인데,
눈뜬장님이 괜히 있는 게 아니듯
항상 그리고 이미 있기 때문에
(그럼에도 불구하고가 아니라)
바로 그 이유로 못 보는 것이다
망각에서 상기로의 운동,
편재(偏在)한 어떤 것이 아니라
편재(遍在)해 있는 것을
잊고 있다는 망각의 자각은

잊고 있지 않나하는
의심에서 시작한다,
발의(發疑)!

처음 보는 일출의 형언할 길 없는
신체적 감흥과 마지막으로
들이쉬고 내쉬는 숨의 평범성,
비범하다면 모를까 그걸 두고
평범하다니 반발이 있으리라
그러나 일출과 호흡은 항상
그리고 이미 평범이었던 것,
특별한 경우에 치중하는 습성이
빙산의 일각에 몰두하는 것이다
(빙산의 일각은 망각의 표상이다)
나날의 먼동과 매순간의 숨 쉼이
비범하게 따로 있지는 않으므로,
따로 있는(있을) 것을(것만) 찾는
비범추종증이 불치의 병인만큼
필연적으로 망각을 낳는 것이다
따라서 비범해 보이는 것에다
평범의 이름을 붙이는 것에
반발할 것이 아니라
비범에 걸려 평범에 닿지 못한
망각에 반발할 일이다
비범 자체가 망각의 기제인 것,

평범과 관련해서 비범의 이름은
인간을 언어의 노예로 이끄는
맹목의 사례다 평범하지 않다는
바로 그 말투가 평범을 덮는다
비(非)는 덮개다
범(凡)을 질식시키는

범(凡)을 소생시키려면
평(平)으로써
비(非)의 비(卑)를 쳐내고는
내면의 평정을 취해야 한다
내면의 평화는 고요의 역동,
운동의 상태, 상태의 운동이다
끊임없이 비범한 것 부각하고
그것에 돈의 가치를 매기는
자본주의의 근원적 비속성,
처음 보는 해 처음 보는 해 뜸 찾아
나날의 해 나날의 해 뜸 파묻는
근원적 부조리 발본(拔本)할 것
평류(平流), 평(平)의 류(流)는
비경도 품고 끊임없이 나아가
깊어지며 멀리 흐르는 것이다

유한(有閑)

오늘밤 무척 한가한데요
자꾸 우리사이 들먹이는
너하고 놀 시간은 없어요,
이 말 눈에 달고 살았더니
기웃거리는 인간이 없다
인간은 사람과 사람 사이,
사이가 무슨 필요가 있나
간(間)이 병들면 간(癎)이다
나는 인간이 아니고 너도
인간이 아니다 그냥 인이지
사람이 마음에 사람을 품고
마음의 죽음과 씨름을 하고
사람의 죽음에 애도를 하고
사이를 찾으면 결별을 하고
그밖에 할일을 찾지 못하는
유한의 일원이 되는 것이다
인간에 사이에 고름이 찬다
인간을 없애고 사람이 된다
사이가 바쁘므로 인간이 바빠
얼마나 한가한가 사람이 홀로
우리사이는 오늘부로 버린다

사람이 나오지 않았는데 무슨
사이를 찾아 이리저리 떠도나

위기가 없다

위기가 있다
심각한 위기가 있다
위기라는 게 있다
심각하다는 게 있다
있기는 있고 심각하긴 하고
저주처럼

이미 있는 위기는
없는 편이 월등히 낫다
없다고 하는 편이
의식이라는 게 있다고 보고
의심이라는 걸 심기로 하고
위기가 없다 뿌리는 것

위기는 생성하는 것이다

폭력비판

폭력비판이라,
난관 앞에서 무난하게는
작동할 수 없는 힘의, 그
'폭(暴)'을 사유하는 것
폭포의, 그 순리를 사유하듯

'민주'는 민이 주가 되는
그 '됨'의 성질과 하나,
민이 주인 그 '임'은
공언(空言)하기 쉬워
주(主)는 그날그날 된다

치졸한 역행 내친
드센 순응의 꿈과
꿈의 실행이 있어,
다만 무엇에 순응하는가

간극
육/체

육화되는 것보다
체화되는 것에 관심 있다
몸 아닌 것으로 이미 있는 것보다
몸으로 이미 있는 것에 관심 있다
육(肉)을 얻기보다
체(體)를 얻는다는
육/체는 거두절미,
이곳에서 이곳으로 움직인 것
어디서 이곳으로 오고
이곳에서 어디로 간다는 건가
시작과 끝에 환장하지 말고
이곳 그윽함으로 풍덩풍덩

없는 단어

흡연용 파이프 그려놓고
이것은 파이프가 아니다
이것은 단어의 결합인가
창의는 어디에 있는가
파이프라고 크게 써놓고
이것은 파이프가 아니다
창의는 어디에 있는가
단어의 결합에 있는가
세 다섯 단어는 아직
없는 단어를 대신할 뿐
결합된 것이 아니다
이것이 왜 파이프고
파이프가 왜 파이프인가
이 의문이 창의인바
직지(直指)하는 부정의
손가락이 있는 것이다
고착되지 않는 존재의
그 흔들림을 가리키는

다섯 단어: This is not a pipe. (Ceci n'est pas une pipe.)

죽음인 시

원관념은 그 조건에 있다
시가 보조한다는 원관념
원(原)죽음이라는 조건
그 죽음이 시가 된다
죽음은 조건 죽음의 발견
죽기만 하랴 그건 불가능
시제(詩題) 울리던 시절
시제의 죽음이
시로 생성한다
군자란 통째로 죽고는
없다 죽음의 죽음이
죽음인 시가

원(原)죽음: 원관념이라는 것이 시 바깥에 있지 않다는 원(原)변환의 강한 표현.

죽음인 시: 가능한 한계까지의 해독을 낳는다는 점에서 '죽음'은 비평의 원점.

변화하지 않는 변화는/존재하지 않는 것이다

변화는 변화하지 않는다
변화는 예외라는 말인가
변화는 모순인가
변화는 변화하지 않아도
변화하지 않는 자기가 없다
변화는 자기 안에 없고
변화는 자기 안이 없다
변화는 자기가 없다
변화하지 않는 변화는 그러니까
변화의 형이상학일 뿐,
변화 그 스스로는
변화할 수 없는 것이다

써프라이즈
최영호 선생

인생은 써프라이즈의 연속,
실망도 그 속은 놀라는 심동(心動)
뜻밖 속 내 뜻
그만큼 놀라는 게 있을까
제 뜻이 놀라고
제 뜻에 놀라기로도
실망만한 게 없을 것이다
공 하나 놓고 겨루는 선수들
지금 딱 이 정돈데
이 정도는 아니어야지
이 정도 마음에도 놀라는
뜻밖의 자각 있을 것이다

첫 행: 에머슨(Ralph Waldo Emerson)의 말에서.
"Life is a series of surprises."

죽음은 심연이 황당하다

사람이 깊이 들여다보지
않는 하나가 죽음이라고
스치기만 해도 심연으로
낙인찍는 심사 만연하니

죽음은 정작 망각이라고
자기를 잊는 건너뜀이라
깊이 들어다봐야 보이는
죽음의 속성이 그것인데

사람이 망각을 건너뛰고
기억하듯 무를 내세운다
무로 가득한 심연이라니
무를 무화하는 망아이길!

죽음은 심연이 황당하다
자기인식을 강요받는 것
자기는 사람에게 있으니
강요는 저에게로 향한다

망아: 忘我

사상의 잠재

카프카의 변신에 사상이 있는가. 변신의 의식(意識)에? 어떤 작난(作亂)이 치명적인, 그러나 살아있는, 그렇게만 있게 된, 꿈적거리는 족족 준동이 되는 현실이 있다. 이 현실됨이 반이고 다른 반은 그것의 완성이다. 완성의 설(說). 변신의 낯섦이 인간의 낯섦으로 변하는, 낯섦이 변신에서 인간으로 옮아가는 과정 또는 진행이 의식에 나타나는 것이다. 변신의 현실을 받아들일 수 없다는 의식이 그 의식을 고수, 유지할 수 없다는 소극적 의식으로 나아갔다가 인간, 인간됨을 거리를 두고 상대적으로 보게 되는 의식의 적극성으로 향하는 것. 인간을 자기 안에서 상대적인 것으로 타자(他者)화하는, '곤충됨'이라는 근본형식이 생성되는 것이다. 변기를 쓰고 세수를 하고 옷을 어떤 옷을 입는다는 등등의 생각들이 출구 없이 고이고 고여 나날이 차오르다 꺼지는 어느 시점, 이 시점이 도래했을 때 변신의 의식이 완성된다. 당혹스럽다는 것, 일일이 어긋나는 것이 지당한 출발이었는데 이제 일일이 어긋나는 것은 내 '인간됨' 그 모든 면면이라 동일한 반응 안의 역전이 발생한 것. 의식의 역전이 일어나는 근본형식으로서의 변신의 완성, 그것이 변화를 가져온 사상의 시라면 시일 것.

첨언: 있음보다 있음의 양태, 그 현상(現狀)이 절대적인 것, 그것은 기이한 것이다. 그것을 당연한 것으로 알고 사는 삶의 의식도 기이한 것. 부드럽게 말해 특이한 것인데 별리(別離), 사별의 슬픔과 혼미는 인간의 전형적인 특이성이다. 이미 알던, 이미 아는 그 모습, 그 양태는 다른 모든 양태를 상상조차 불요한 것으로 만드는 위력을 지니는바, 우리는, 나는 있음과 없음, 그리고 그 괴리만을 의식한다. 이 괴리를 가시적인 있음의 두 위상으로 옮긴 것이 변신.

후기 1

지금도 무정과 사변의
포즈를 취하고 있는가
나중에 얼마나 울려고.
감정의 은거가 있다면
지금은 잊으면 되리라
정화는 차후의 일이니.

후기 2

유병태 형의 풍회(風懷)에 대한 응답이 여럿 있다.
시가 자신에 대한 응답이라면, 형의 문자는
나의 자문(自問)을 일깨웠을 것이다.
그 고마움 전한다.

자서 해제

이곳은 전체로서의 이곳이다. 이곳을 건너간 저곳도 이곳에서 배태될 뿐 아니라 뿌리부터 달라진 이곳을 지칭하는바, 이곳은 자기변혁인 저곳을 포함하는 전체이고, 저곳이 보이지 않게 거의 보이지 않게 혹은 매우 희미하게 들어와 있는 하나인 전체이기도 하다. 또는 저곳이 철저히 부재하는, 부재로만 있는 것으로 간주된다는 의미의 이른바 절망의 전체이기도 할 것이다. '이곳에서 이곳으로' 가는 것 이외의 어떤 움직임도 길을 잃는 것이기 쉽다. 쉽게 상정한 길은 전체로서의 이곳을 외면하기 쉬운바 이곳으로 열린 길이 아닌, 이곳으로는 닫힌 길이기 쉽다. '전체로서의 이곳'은 삶과 죽음과 시, 세 요소가 있고 이는 분리할 수 없는데 어느 하나 전체에서 추상되는 순간 뒤로 밀리는 부수적인 항목으로 전락한다. 삶도 죽음도 시도 뒤의 일이 되는 것이다 느슨한 관계 속에서 따로 놀아서는. 죽음이 삶을 가로지르는 끝없는 그 횡행이 도대체 왜 있는가 하는 의문과 그에 따른 각성이 관건이다. 삶을 실감하면서 삶의 자세를 일깨우는 시가 그 죽음의 사건을 통해 발생하므로. 그저 그만그만한 죽음이 없고 그만그만한 삶이 없고 그에 따른 그만그만한 시가 없는 곳이 이곳이다. 납득하고 수용할 수 없으면서도 우리가 날것으로 받아들이는 받아들이고 있는 모든 죽음들이 이곳에서는 너무 새롭기만 한 것이어서, 이곳을 전체로 보는 시는 죽음이 쏟아내는 삶의 갱신하는 의식이다. 하여 절망도, 미리 하는 절망도, 깨어있는 발광(發狂)이다. 억제될 수는 있어도 없을 수는 없는 것, 시는 삶의 실상에 미친 것이다. 이곳에서.

이곳에서 이곳으로

1판1쇄 2024년 6월 28일

저자 강필중
발행인 이경화

발행처 디자인21
주소 04560 서울특별시 중구 퇴계로 293-1 3층
전화 02-2269-6561(대)
팩스 02-2269-6568
e-mail 21publish@naver.com
블로그 https://blog.naver.com/publish21
홈페이지 https://21publish.co.kr

등록번호 제1-1128호
등록일자 1991.2.12

ISBN 978-89-6131-154-0 03810

정가 15,000원